なぜ戦略の落とし穴にはまるのか

伊丹敬之

日経ビジネス人文庫

文庫版　まえがき

本書の親本（2018年刊行）を書く直接のきっかけとなったのは、ある大企業の役員研修で、会長以下の全役員と一部の部長さんたちを前に戦略についての講演を依頼されたことだった。その企業がその頃につくりつつあった中期経営計画の概要の資料を見せていただいて、それへのコメントも兼ねての講演を、という注文だった。

講演の準備のために彼らの資料を見て、また企画担当役員の方たちと議論をして、私がそれまでさまざまなところで感じていた「多くの企業が陥りがちな戦略の落とし穴」が、いくつも垣間見えた。そこで、「戦略策定の落とし穴」というタイトルの講演メモを作ったのである。

そのメモを作っているうちに、これは本にして広く読んでいただく意味があるかもしれない、と感じ始めた。そして、そのメモからさらに大きく視野を拡げ、考える落とし穴のタイプのバラエティを作り、また書き込むことの掘り下げをしていったら、この本ができ上がった。

一つのきっかけから思考がどんどん進んでいく、という例であった。具体的状況やきっかけが思考をドライブさせていくのである。そのプロセスが、自分でも面白かった記憶がある。

ただし、落とし穴を指摘できる人間あるいは落とし穴について学んだ人間が、実際に落とし穴のある地面を歩くときに、すべての落とし穴を避けられるかどうか。自分でも自信はない。それでも、落とし穴の存在を知らないよりはましだろう、と自分を慰め、読者のみなさんにとっても少しはお役に立つことを祈りたい気分である。

この本のきっかけとなった企業の講演でも、一部の経営陣の顔が歪んだ瞬間が講演中にあったような気がするし、自分の頭の中で反芻して心に留めておこうとする表情の方もいた。そんなことがこの文庫版の読者にも起きることを、期待したい。それが、落とし穴を実際に避けられることにつながりますように。

2022年2月

伊丹敬之

まえがき

経営戦略という分野に学者として関わりを持ち始めて、もう三八年近くになる。最初の著作である『経営戦略の論理』（一九八〇年刊）を三回も改訂して、長く読んでいただいている。

この最初の本以来、戦略決定の機微、裏側に触れる機会が数多くあった。企業調査、経営幹部研修での議論、取締役会、夜の飲みの場、などなどである。さらに、教鞭をとってきた一橋大学ＭＢＡや東京理科大ＭＯＴ（技術経営専攻）の経営戦略の授業で、私は大学院生に企業の戦略の成功や失敗のレポートを毎回の授業の課題として書いてもらい、それをもとに議論するスタイルの授業を一貫して行ってきた。彼らの大半は社会人大学院生で、自分の企業についての生々しいレポートが数多くあった。

そうした長い年月とさまざまな経験の中で、戦略を作る人たちがはまってしまう落とし穴が数多くあり、そこには共通性やパターンがあることを、感じていた。そこで、学者の性であろうか、その共通のパターンをある程度体系化し、そしてなぜ人々がそうした落とし穴にはまるのか、考えたくなった。その結果が、この本である。

もちろん守秘義務のある見聞も多く、この本で企業名が特定できるような秘密情報は開示していない（実名をあげた企業例はすべて公開情報にもとづいたものである）。そうした生々しい現実の知見を背後にもった上で、書き物としては現場で戦略策定に格闘している方々の琴線に触れる内容にしたいと思った。

そしてその内容は、どうすれば落とし穴にはまらずに済むか、何に気を付けるべきかという消極的なスタンスでなく、こう考えれば落とし穴には近づかずに済む、こう割り切ればいいのではないかという前向きのスタンスのものにしたかった。

その前向きのスタンスの原点には、私がかなり前から経営での人間の問題を考えるときの基本視座にしている、人間性弱説がある。人は性善なれども、弱し。私の造語であるが、そうした性弱な人間ゆえに、戦略の落とし穴にはまりやすい。だからこそ、この本の終章は「人間性弱説の戦略論」なのである。

私としては、そんな落とし穴にはまりやすい人間を責めるのではなく、性弱な人間を温かく見守りたい。かくいう私も、その一人なのだから。そして、「みなさん、その性弱な部分はこう補おうではないか」とさまざまに提案もしたい。

そんな変な本があってもいいか、と書き終わった今、思っている。私もすでに七〇歳を超えた。そんな年齢だからこそ、書ける本なのかもしれない。だからこの本は、性弱でありながら戦略というものを作り、実行しなければならない人たちへの、私からのエールである。

その変な本を具体的に出版という形にしていただいたのは、日本経済新聞出版社の堀口祐介さんである。いつもながらのお世話に、深く感謝したい。

そして、私に落とし穴を気づかせてくれた日本企業のさまざまな立場の多くの方々にも、心からお礼を申しあげたい。

二〇一七年一二月

伊丹敬之

なぜ戦略の落とし穴にはまるのか

もくじ

序章
ついはまる、落とし穴

戦略についての、三つの失敗

さまざまな失敗が経営にはある。その中でも、戦略の失敗は致命的な結果になる危険がある。なぜなら、戦略は企業が組織として市場で事業活動を行うための基本設計図だからである。その基本設計を間違えると、その後どんな努力を現場でしても、いい結果は望めそうにない。軍事の戦場で戦略を間違えると、兵士がいくら戦う能力と意識が高くても負けるのと同じである。

私は、これまでそうした戦略の「いい内容とその論理」について語ってきた。三回も改訂版を出した『経営戦略の論理』がそれである。今回は、そうしたいい内容をもつ戦略を作るのになぜ多くの企業が失敗するのか、つまり、なぜ戦略策定の落とし穴にはまるのか、それについて書きたいと思う。

いい戦略の論理は共通しているという思いで、『経営戦略の論理』は書けたが、戦略の落とし穴はじつに多様にある、というのが実感である。ロシアの文豪・トルストイの大作『アンナ・カレーニナ』の出だしの名文句とまさに同じ感覚をもつ。

「幸福な家族はどれも似通っているが、不幸な家族は不幸のあり方がそれぞれ異なっている」（新潮文庫・木村浩訳）

戦略の失敗には、少なくとも三つのタイプがある。

第一の戦略の失敗は、環境が事前の想定とは大きく違った展開をしたために、事前構想としてはうまく作られていた戦略が失敗に終わるというタイプ。環境の事前想定が甘かったということもあるだろうが、想定外の環境条件の大変化で、よかったはずの戦略が頓挫するという不幸なケースもありそうだ。たとえば、リーマンショックの嵐に巻き込まれてせっかく積み上げてきた戦略を台無しにされた企業は多い。

この第一のタイプは経営側に責任がない場合もあるのだが、これから述べる第二と第三のタイプの失敗は、経営側の責任による失敗である。

第二のタイプは、戦略策定の際に落とし穴にはまって、いい戦略を作れなくなってしまうという失敗である。戦略思考をしようとしているのだが、落とし穴にはまって思考が混乱し、その結果として適切な戦略を作れない。だから、その戦略は失敗する。この落とし穴が、この本の主題である。次章以下で説明するように、『アンナ・カレーニナ』ではないがじつにさまざまな落とし穴がある。

第三のタイプの失敗は、戦略の実行プロセスが歪むという失敗である。事前にはいい戦略構想が作られているのに、実行段階で失敗する。戦略策定はかなりうまく行って魅力的な事前構想ができても、実際にその戦略を実行し始めるとさまざまに戦略策定時の想定とは違う環境変化などの事態が起きる。そこでうろたえる人が出て、実行プロセスが歪む。

たとえば、環境悪化のために業績的に追い込まれて、そのさらなる悪化を避けるために、という正論のもとで、当初の戦略構想とは無関係の手、あるいは逆方向の手を打ってしまってかえって傷を広げる。あるいは、戦略遂行に必要な能力が足りないことを事後的に発見した場合に、能力不足を認めたくなくて事前の戦略構想の無理な継続という下手を打つ。

じつはさらに、「戦略なき行動」という論外の失敗もある。もちろん、経営側に責任のある失敗である。戦略がないのだから戦略の失敗ということではないのだが、しかし戦略にかかわる失敗ではある。そもそも、戦略をもたない事業行動に出てしまって、行き当たりばったりになる。それで、現場は当然のように迷走する。設計図なき建築現場が混乱するのと同じである。

戦略なき行動は論外としても、戦略を作っても失敗するケースでもっとも深刻なのは、「戦略策定の落とし穴」にはまる失敗であろう。戦略を作る努力はしているのに、その思考がうまく結実しないから、うまく戦略を作れない。そんな失敗が現実の世界には多いというのが私の実感である。だから、その落とし穴にはまらないようにするにはどうしたらいいのかを考えたくて、この本を書くことにした。

戦略を策定するとは、何を決めることか

この本は「戦略策定の落とし穴」を主題にするのだが、そもそも戦略策定プロセスでは何を決めれば戦略を決めたことになるのか。それが不明確なために、本人としては真面目に戦略策定を考えているのに、結果として作られたものが戦略とは言えないものになっているということが十分ありうる。

戦略という言葉は便利な言葉で、「重要なことすべての計画」というぼんやりとした定義のままで語られることも多いようだ。しかし、戦略策定の落とし穴を主題にする以上、その策定されるべきものは何かを明確に定義しておかないと、落とし穴の議論もできにくいし理解しにくいだろう。そのために、やや肩ひじ張った印象を読者に与えるかもしれないが、本書の冒頭で「戦略とは何か」についての議論をしておこう(よりくわしくは、拙著『経営戦略の論理〈第4版〉』日本経済新聞出版社 二〇一二年を参照してほしい)。

戦略というとき、そのカバーする時間的視野は常識的には五年から一〇年であろう。その時間的視野の中で、戦略を策定するときには次の三つのものを決めなければ

ならない。

第一に、五年あるいは一〇年先の自社の「ビジョンと目標」。どんな企業にしたいか、なりたいかという比較的抽象度の高い「思い」としての「ビジョン」と、そのビジョンがもたらすはずの経営業績としての「目標」である。

第二に、五年あるいは一〇年先の自社（事業）の「ありたい姿」。第一で思い定めたビジョンと目標を達成するために、どんな事業の姿になっていなければならないか、なっていたいかという到達点での事業構造の姿である。

第三に、五年あるいは一〇年の間の「変革のシナリオ」。第二で決めた「ありたい姿」と現状の姿の間にはギャップがあるのがふつうだから、未来の到達点へと現状の姿から事業を導くための行動計画が必要となる。つまり、どのようにしてギャップを埋めるのか、である。ギャップを埋めるプロセスを「変革のプロセス」と呼べば、その行動計画の大筋が「変革のシナリオ」である。

この三ステップで決めるもののうち、戦略というのは、「ありたい姿」と「変革のシナリオ」がペアになったものである。この二つが戦略の具体的内容である。

事業のありたい姿とは、一般的には次の三つの基礎的な経営設計変数を描くものである。

1. 製品・市場ポートフォリオ（誰に何を売るか）
2. ビジネスシステム（そのために、どんな仕事の仕組みを作るか）
3. 経営資源（能力・資源）ポートフォリオ（その仕事をきちんとやれるように、どんな能力・資源をもつか）

変革のシナリオは現実的には、「シナリオの大筋」と「最初の一歩」の踏み出し方を描くものであろう。

変革のシナリオの大筋とは、ありたい姿の三つの要素の到達すべき姿に向かっての、三つの展開・構築・蓄積の計画の大筋が、典型的な内容であろう。

A　製品・市場展開戦略
たとえば、新製品の導入、新市場への進出、価格などの戦略

B　ビジネスシステム構築戦略
たとえば、どんな仕事の仕組みをどう構築するか、どこから手を付けるかの戦略

C　経営資源蓄積戦略

たとえば、どの能力や資源に注力して、どの程度のペースで蓄積するかの戦略

そして、「最初の一歩」とは、このような三つの分野の大筋の中で、最初は何をやるかを決めることである。

五年とか一〇年の長期間の全行程にわたって、現時点で変革への行動計画をくわしく作るのは無理も多いだろうし、無意味に近い。なぜなら、環境は変わっていくだろうから、今から将来の行動計画を細かく規定するのはおかしいのである。しかし、変革の大筋のプランがなければどう準備すればいいか分からないし、最初の一歩の踏み出しを戦略が決めてやらなければ、現場が動き出せない。だから、大筋と最初の一歩が必要なのである。

以上が戦略が決めるべきことの簡単な説明だが、三つの注意点を補足したい。

第一に、「ありたい姿」と「変革のシナリオ」の二つは、ペアで存在しなければ、事業活動の基本設計図としての戦略としては機能できないということ。

たとえば、「ありたい姿」を示したとしても、その姿へ到達するために今から何をなさなければならないかの大筋の行動計画が示されなければ、現場は動き出せない。しばしば「変革のシナリオ」を欠いた、言いっぱなしの「ありたい姿」が描かれることが多いが、それでは戦略としては不十分なのである。二つが揃ってはじめて戦略の内容が揃ったと考えるべきである。

第二の注意点は、私は戦略の具体的内容として、「ありたい姿」と「変革のシナリオ」の設計を強調しているが、その戦略の内容の中にビジョンや目標を入れていないことである。もちろん、私はビジョンや目標を作ることは戦略策定プロセスで必須だと思っている。しかし、ビジョンや目標は戦略の上位概念であって、戦略の外あるいは上にあるものなのである。

なぜ「戦略の内容にはビジョンや目標を含まない」と私があえて強調するかといえば、目標だけを作って戦略を作ったと錯覚する事例がかなりあるからである。ビジョンや目標を作ることは必要だが、それだけではまだ戦略という設計変数の内容はゼロであると強調したいためである。

第三の注意点は、私は以上の内容が戦略として取り上げられることが一般に必要だと考えているのだが、これだけに限るとか、すべての状況でこれらの内容が全部重要と言いたいのではないことである。読者が自社の状況のもとでは、事業活動の基本設計図としての戦略の設計には別な変数が重要だと思われるのなら、ぜひそれをベースに考えればいい。

私が言いたいのは、戦略の内容を何にするかの議論なしに、戦略策定などできないということである。内容の項目も決まらないままでは、どんなことを戦略策定の際に考えればいいかは、分からないはずだからである。

戦略策定の落とし穴、二つのタイプ

前項で述べたような戦略の内容を構想していくのが、この本で扱う戦略策定のプロセスであるが、そこで生まれがちな落とし穴を二つのタイプに整理して述べたい。

第一のタイプは、戦略策定のための「思考プロセスそのもの」で待ち構えている落とし穴である。それがI部の「思考プロセスの落とし穴」の内容である。第二のタイプは、戦略策定プロセスの結果として生まれてくる戦略の内容が甘くなるという落とし穴、つまり欠陥である。「戦略の設計変数の徹底不足や精密不足などという形をとる落とし穴が、どのような形で表面化しやすいか」、それを議論するのがⅡ部の「戦略内容の落とし穴」である。

第一のタイプは戦略を考えるプロセスで人間が陥りやすい思考の落とし穴、第二のタイプは結果として作られる戦略の内容が甘くなるという落とし穴――と整理すればいいだろう。簡単にいえば、思考プロセスの落とし穴と戦略内容の落とし穴である。

第一の落とし穴、思考プロセスの落とし穴とは、別な言葉でいえば思考のゆるさ・歪みである。そうした思考のゆるさ・歪みが生まれる基本的な理由は、二つ考えられる。

一つは、理性に限界がある上に性弱であるのが人間の常で、その限界ゆえについつい思考のゆるみや歪みが生まれてしまうということである。その限界を意識した上で、戦略思考を進める必要があるだろう。

思考のゆるみ・歪みが生まれるもう一つの理由は、組織という集団の中での戦略づくりへの議論が集団思考という形をとらざるを得ないために、集団の中の配慮や忖度、あるいは誤解などが源泉となって生まれてしまう、誰も望まない組織ゆえのゆるさや歪みである。たとえば、組織内にあまり波風を立てたくないという配慮で、戦略の議論をついついゆるくしてしまうといった例である。

こうした思考のゆるみや歪みをI部では、「ビジョンを描かず、現実ばかりを見る」「不都合な真実を見ない」「大きな真実が見えない」「似て非なることを間違える」という章立てで議論していく。

第二の落とし穴、戦略内容の落とし穴とは、簡単にいえば戦略の内容が甘くなるという落とし穴である。その甘さがどのような形で生まれやすいかをII部では、「絞り込みが足らず、メリハリがない」「事前の仕込みが足りない」「段階を追った、流れの設計がない」「正ばかりで、奇も勢いもない」という章立てで議論していく。章のタイトルが、戦略内容の甘さ（不徹底や不精密など）のポイントを示している。

その甘さは、思考プロセスのゆるみ・歪みが大きな原因だろうが、それだけではないかもしれない。懸命に考えたのに、最後に周囲に配慮しすぎて不徹底になったり、決断ができなくて甘い内容になったという悲しい現実はありそうである。戦略は組織として市場で事業活動を行うための基本設計図だから、顧客、競争相手、技術動向、自社の資源・能力、人々の心理と、考慮すべき要因は多い。だから、思考がよほど精密・正確でないと甘さが生まれやすいし、組織内のしがらみが甘さを生む部分もあるだろう。

ついついの落とし穴

こうした二つのタイプの落とし穴に、多くの人が「ついつい」はまる。明確な見落としあるいは間違いではなく、いつの間にか意識しないうちにはまる落とし穴である。つまりは、読者の身近にもありそうな、小さな落とし穴である。

その小さな落とし穴にはまると、目立たない失敗があちこちで積み重なり、その積み重ねが大きなマイナスを呼ぶということも、現実には多そうである。戦略の巨大な失敗事例の多くは、環境条件の激変が基本原因であることが多く、それは事前に努力をしてもどうにもならない、避けにくいことが多い。しかし、戦略策定のこうした小さな落とし穴についついはまった場合にも、結果としては大きな失敗となってしまうことも多い。

しかし、なぜそんな「ついつい」が戦略の世界で起きやすいのか。そこには、三つの原因がありそうだ。

第一に、戦略というだけに事は重大で、そこで間違いを起こすと被害が大きいことが予想され、それゆえに慎重になることが、むしろ「ついつい」の原因になる。慎重になると、あれこれと考え始めてしまい、結局頭が混乱する。だから、肝心なところで思考のゆるみや歪みが生まれてしまう。あるいは、混乱した結果、あれもこれもと盛り込んだ発想になり、戦略内容はメリハリの利かないものになってしまう。

第二に、戦略はしばしば考えるものではない。だから、誰もが慣れていない。その慣れていないことが、「ついつい」の落とし穴の原因になる。慣れていないと、ふだん着の発想から遠い、ぎこちない発想になりやすい。肩を張りやすい。だから、いびつな発想になりがちである。たとえば、ふだんは夢を考えない人が、戦略のビジョンを作らなきゃと急に大きな発想をしようとすると、宙に浮いてふわふわとしがちであろう。

第三のついついの原因は、世の中にいい戦略とは何かについて常識的見解がたくさんあることである。だから、その常識についつい引っ張られる。引っ張られると、自分の頭で考えなくなるから、どこかで論理を飛ばしたりする。それで思考のゆるみや歪みが生まれるのである。あるいは、常識的にみんなが納得しそうなことを並べ立ててしまい、結局特徴のない発想になる。いわば、八方美人の不徹底である。

そんなに「ついつい」が起きやすいのだから、むしろそれを逆手にとって、そのついついをつねに明示的に意識して、それで落とし穴にはまらないようにすればいい。それが、「落とし穴の存在を明らかにする」という本書の構想の原点である。

I部 思考プロセスの落とし穴

第1章　ビジョンを描かず、現実ばかりを見る

ビジョンを描くことを忘れた日本企業

それは、坂の上の雲のようなものである。

司馬遼太郎さんの小説『坂の上の雲』は、明治日本の楽天家たちが坂の上の青空に浮かぶ一筋の雲を見上げ、それを目指して坂を上っていった時代を描いた名作であるが、その雲こそ、この章の主題である「ビジョン」である。

戦略とは「いまだあらざる姿」へ向かっての、構想である。構想とは「こうありたい」という意思の表現でもある。その「わが社はこうありたい」という思いを、ビジ

ョンと呼ぼう。夢という言い方もできるだろう。すでに現実になっていることではない。そのビジョンを実現するための手段や道筋を具体的に工夫するために、戦略を考えるのである。

しかし、ビジョンを描くことから戦略思考をスタートさせない人が多い。しかも、現状分析から思考をスタートさせ、結果として現実ばかりを見てしまう。それが、この本で取り上げる戦略の思考プロセスの、第一の落とし穴である。それで、大きな飛躍を可能にするようないい戦略を構想できるであろうか。

大きな成功をする人の多くが、達成確度が高いから新しい事業を始めるのではなく、自分のビジョンを実現するために新しい事業を始める。もちろん、しばしば途中で想定外の事態に見舞われ、辛酸をなめながら、幸運も手伝って最終的に成功にたどり着く。

実現できる確信のあることだけをやっていては、新しい時代は切り開けそうにない。だから、ビジョンが必要なのである。もちろん、そのビジョンに現実感がゼロではまずい。「夢を冷静に見られる人」（リアリスティック・ドリーマー）だけが真の戦略家である、というのが歴史の真実だろう。

この落とし穴をこの本全体の最初の落とし穴として私が取り上げるのは、現在の日本企業にとくに当てはまる落とし穴候補だと危惧しているからである。

日本経済全体のこの二〇年間の「成長しなさぶり」は、もっと多くの人の深刻な関心となった方がいい。二〇一五年の日本の実質GDPは二〇年前のたった1・1倍である。アメリカの1・6倍という倍率と比べると、日本の成長のなさは際立っている。

その成長のなさの最大の要因は、日本の企業と国民の両方に成長への心理的エネルギーが不足しているからではないかと私は考えている（くわしくは、拙著『経済を見る眼』東洋経済新報社　二〇一七年を参照してほしい）。

企業セクター全体の成長のなさが、経済全体の足を引っ張っている。その象徴が、国内投資の低迷である。一九九六年から二〇一五年までの二〇年間で、国内民間投資は名目値で考えても一〇四兆円から八六兆円へと一八兆円も減少している。その裏側で、企業の借入金の返済は続き、内部留保も拡大を続けている。カネを貯めながら、カネを使わない企業――というありえない姿なのである。そして、たまに思い切って海外企業の大型買収をすると、失敗する企業が続出する。

一方でリアリティを求めて投資しないのだが、他方でリアリティを無視して大型買収をする。どこかちぐはぐな日本企業は、リアリティのある将来ビジョンを描けず、慎重さと迷走の狭間で悩んでいるように見える。

そして、海外企業のビジョンある経営戦略を見るにつけ、つい「ビジョンを描かない落とし穴」と言いたくなるのである。たとえば、アップルを率いたスティーブ・ジョブズは、デジタルネットワークのハブとしてパソコンを構想するビジョンを作り、さらにはそれが持ち運び可能になるモバイルハブとなる時代を描いた。そのビジョンのもとで、iPod、続いてiPhoneと次々に時代を切り開くような新製品を世に送り出した。iPhoneの本質は携帯電話ではない。電話もできるモバイルインターネット端末なのである。

このビジョンにもとづくアップルの新製品が、市場に巨大なインパクトを与え、競争構造を根本的に変えてしまう。しかし日本企業は、アップルが作り出した新しい秩序のもとでの小さな製品差別化に汲々としている。

そこには、ビジョンを描いて競争構造の変化を能動的に起こして自分で海図を描いていける企業と、競争構造の大変化の嵐の海に投げ込まれて受け身で小さな差別化というボートを必死に漕いでいる企業、という悲しいほどの差がある。

もちろん、日本にもビジョンを描いて戦略を考え、それを見事に成功させた経営者は過去には多くいたし、現在でもおられる。オートバイから四輪に進出しF1で世界に名を馳せた本田宗一郎、トランジスタラジオと小型テレビで世界を席巻した井深大などが過去の有名な例だし、宅急便というビジョンをかかげて日本人の生活を変えてしまったヤマト運輸の小倉昌男、ファストファッションで世界に伍しての大活躍をするファーストリテイリング（ユニクロ）の柳井正もいい例であろう。

しかし、現在の日本では、そうした例はむしろ少なく、綿密な現実分析を積み重ね、着実な戦略ばかりを探ろうとする姿勢が目立つようだ。それで世界に勝てるのだろうか。

大企業ばかりではない。中小企業も、中小企業なりに社会を変えるインパクトのある戦略を打ち出せるポテンシャルのある企業が、日本にはまだ多いと私は思っている。それなのに、ビジョンも描けずに縮こまっている経営者が多くないだろうか。

もちろん戦略は、革命的なことをする企業だけのものではない。成長と発展への願いをもつ企業がそのために作るべきものである。自社の成長と発展への願いが革命的というほどの大きさでなくても、少なくとも現状の姿から飛躍したいと願う企業が作るものである。その飛躍にとって、「わが社はこうありたい」というビジョンを経営者が描くのは、必須であると思える。坂の上の雲は、誰にとっても必要なのである。

そもそも戦略思考の順序が間違っている

この章のタイトルの言葉、「ビジョンを描かず、現実ばかりを見る」の後半は、当たり前に聞こえるかもしれない。どんな戦略も現実を無視して成功するわけがないから、現実を見るのは当然だと思える。だから、現実直視、現実をきちんと見よ、という発言は説得力がある。いや、説得力があり過ぎる。それゆえに、間違った方向へ人間を導きかねない。

じつは、ビジョンを描かずに現実ばかりを見るというのは、二つの点で戦略思考の順序を間違えている。

ビジョンを描かないままに、そのビジョンを実現するためにあるはずの戦略を考え始めるというのは、そもそも戦略思考のスタートとして間違っている。一体何のために戦略を作るかも明確に意識しなければ、現状の延長線上の戦略が作られがちになるだろう。

そして、現実ばかりを見るというのは、仮にそうした現状分析をきちんとしてから実現可能な戦略を考えようという意図をもっていても、発想法として縮こまった戦略を作りがちになる経路に入ってしまう危険が大きい。

現実は、それなりに論理的につながり合ってできている。過去の経緯、周囲との関係など、時にはしがらみと呼びたくなるような連鎖関係の中で、現状は成立している。そうした現実をきちんと分析すると、現実の背後の連鎖関係をしっかりと頭の中に入れることになるだろう。そうすると、その連鎖から抜け出すむつかしさばかりが見えてくる。それで、現状の延長線上の発想しか浮かばなくなる。だから「現状分析をまずきちんと」という順序は、現実優先のつまらない戦略になってしまう危険のある思考の順序なのである。

多くの名戦略家の思考を調べてみて私が感じている戦略的思考の望ましい順序は、図1―1のようなものである。図の中の番号が、思考の順序を示している。

まず、思考のスタート地点はビジョンであり、目標である。ビジョンは、企業全体として何をなしとげたいか、どんな存在になりたいかの定性的表現である。目標とは、定量的表現にそれを落としたものと仕分けをしておこう。

そうしたビジョンや目標を将来時点で

図1-1 ビジョン・目標と戦略思考の順序

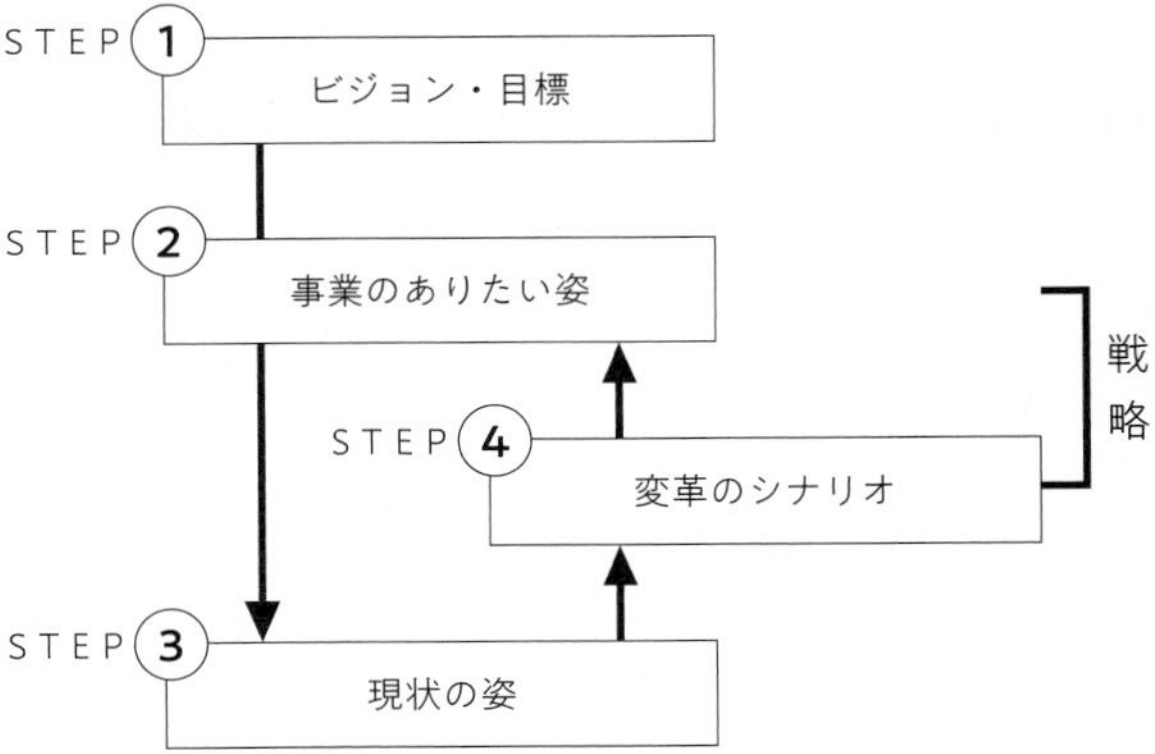

実現できるように、どんな事業の姿になっていたいか、それを考えるのが、戦略思考の第二ステップである「ありたい姿」づくりである。これは、ビジョンや目標の達成という結果を生み出すための、企業の具体的事業活動の姿を描くものである。目指す結果を生み出すには、企業の内側で具体的な事業活動の姿がきちんと存在しなければならない。

そうした「ありたい姿」を構想した後に、第三ステップとして現状の姿をくわしく分析する。この分析の目的は、ありたい姿に到達できるような変革のシナリオを考える準備作業である。現状の姿を詳細に知らなければ、ありたい姿に現実的に到達できる行動計画の大筋は作れないからである。

この大筋を私は「変革のシナリオ」と呼ぶのだが、それは序章で書いたように、ありたい姿とペアで戦略の内容を構成する重要なものである。だから、現状の姿をきちんと分析した後に、この変革シナリオを構想するという第四のステップがくる。

しかし、不幸にして変革のシナリオとして現実性のあるものを構想できなかったときには、この図の順序をもう一度、第一ステップから第四ステップまで繰り返すことになる。ビジョンを修正し、経営目標を修正し、その修正されたビジョンと目標を達成するためのありたい姿は何かをあらためて問うのである。それによって、最初のサイクルで作ったありたい姿を修正する。その後は、現状の姿の分析の追加が必要であればそれを行い、あらためてその現状の姿から修正されたありたい姿への変革のシナリオを作ってみる。

こうしたサイクルを何度か繰り返してはじめて、ビジョンある戦略が作れる。

この図の順序と比べると、「ビジョンを描かず、現実ばかりを見る」という行動は二つの点で違うのは、すでに指摘した通りである。一つは、第一ステップである「ビジョンを描き、目標を決める」というステップを飛ばしている。いきなり、戦略（ありたい姿や変革のシナリオ）を考えることになる。

ただ、何の材料ももたずに戦略を考えることはできないので、現状の姿の分析から入ることになってしまうだろう。現実ばかりを見るのである。しかし、この図の順序では、現状分析は第三ステップである。しかし、「現実ばかりを見る」という落とし穴にはまると、現状分析が戦略思考の第一ステップになってしまう。

こうした二つの点で戦略思考の順序を間違えると、そこから生み出される戦略は現状の延長線上のつまらない戦略になる可能性が強い。だから、落とし穴なのである。

ビジョンの大きさが戦略のスケールを決める

なぜ、まずビジョンを描く必要があるのか。

もっとも初歩的なことをいえば、ビジョンは目指すべき方向性を与えてくれる。ビジョンがないと、戦略構想の広い荒野でただウロウロと迷走することになる。

それは、旅行の目的地をイメージしないで旅のプランを立てるのに似ている。たとえば、「東京から西の方へ旅する」だけでは旅のプランは立てられない。西といっても、京都か、博多か、上海か、デリーか、イスタンブールか、ベニスか、ロンドンか、それによって旅行の構想は大きく変わるだろう。まず第一に、旅の最初にどの駅に行ってどの乗り物に乗るかも変わってくる。

そして、ビジョンがないと、何もかもが気になって、何も決められなくなって思考がパンクする可能性が高い。方向性のない荒野の彷徨が、まとまりのない何でもありの戦略もどきを生んでしまう危険である。じつは、ビジョンがあるということは、ビジョンに入らないことをすっぱりとあきらめられるという役割も果たしてくれるのである。

ビジョンを描くことがもつ第二の意義は、これがもっとも大切なのだが、そのビジョンの大きさが戦略を考える思考のスケールを決めるということである。ビジョンが戦略の視野の射程を決めるといってもいい。

戦略のスケール感の違いの悲しい例が、この章の冒頭で説明したアップルと日本企業の違いである。ビジョンをもった経営者と、ビジョンをもたない経営者の違いがその奥にありそうだ。

もちろん、日本にも大きなビジョンを描き、スケールの大きな戦略を構想した経営者はいるし、過去にもいた。現在のJFEホールディングスの前身企業の一つ、川崎製鉄の初代社長・西山彌太郎がそのいい例である。

終戦からわずか五年後の一九五〇年、西山は社長に就任するとすぐに千葉製鉄所建設計画を打ち出した。溶鉱炉をもたない関西の製鋼メーカーだった川崎製鉄を、溶鉱炉で銑鉄を作り、その銑鉄をもとに鋼材製品を作る、銑鋼一貫メーカーへと飛躍させるというビジョンのもとでの計画だった。しかも、海外から石炭や鉄鉱石を輸入して、臨海大型製鉄所を作るという破天荒なビジョンである。

当時の千葉海岸には大型の工場は何もなく、潮干狩りに適した静かな海岸が続いていた。そんな場所に、溶鉱炉を建設したことも運転したこともない関西の川崎製鉄が資本金の三三倍の資金を投入して、臨海の大型製鉄所を作ろうというのである。この構想には鉄鋼業界も金融筋も大半の人が、暴挙といって冷ややかだった。

それを押し切って西山は製鉄所建設に踏みきり、政府や金融筋にもこのビジョンの大きさと合理性に賛成する人たちも出てきて、結局は製鉄所建設は成功し、安価で良質な鋼材が供給されることとなった。

この成功が、最初は否定的だった業界各社の大規模臨海製鉄所建設ラッシュの先がけとなり、そのラッシュのお陰で日本の鉄鋼業は全体として飛躍的に発展し、日本の高度成長に必要だった大量の鋼材が供給されることになった（拙著『高度成長を引きずり出した男』ＰＨＰ研究所　二〇一五年）。

西山の描いた大きなビジョンが、彼の戦略のスケールを大きくした。西山は明らかに日本経済全体の復興を視野に入れていた。もし西山が臨海大型製鉄所建設というスケールの大きなビジョンを描かずに、銑鉄を作らない製鋼専業メーカーとしての「小さな」戦略を作っていたら、川崎製鉄のその後の成長もなかっただろうし、日本の鉄鋼業全体の発展もかなりスピードダウンしていたことであろう。

こうして、描くビジョンの大きさは、戦略のスケールを決めることになる。そのビジョンに合わせてありたい姿を描くのだから、当然といえる。もちろん、やみくもに大きなビジョンを描くだけがいいのではない。そのビジョンが導くありたい姿に現状の姿から到達できるための変革のシナリオを作れなければならない。西山の場合、ビジョンのスケールに負けないような変革のシナリオを用意できたのである。

ただ、大きなビジョンを描いたとしても、変革のシナリオをすぐには用意できずにしばらくは様子見をせざるを得ないこともあるだろう。それでも、ビジョンを描く価値は大きい。

なぜなら、ビジョンをもった上で環境の動きを真剣に見ようとする様子見と、ビジョンももたずにただ周囲の動きに流されるだけの様子見では、大きな違いがあるからである。前者の様子見はいわば虎視眈々とした様子見で、何かのきっかけをつかんでの飛躍が生まれる可能性がある。しかし、後者の受け身の様子見からは、何も生まれないだろう。

なぜ、ビジョンを描けないか

ビジョンを描かない人は、描かないというより描けないというべきかもしれない。そもそもビジョンを描けない人が多くなってしまう理由として、四つほど思い当たることがある。

第一に、高い志や自分の哲学がない人がかなり多いことである。だから、社会にインパクトを与えるような大きなスケールの発想にならない。社会はこちらが受け身に反応するものであって、自分から能動的に働きかけるものだとは思えないのである。しかし、社会を動かそうと思える人は、それだけの志と哲学がある人である。

第二に、大きな未来を構想するクセがない人が多い。だから、ビジョンなどを考えようともしない。そういう人たちは、たとえば堅実で実現可能な計画を来年の予算のために作ることばかりに慣れてきてしまっている人たちである。あるいは、組織内の管理の目が細かくなってきたために、自分が構想する計画をあちこちからチェックされ、いじられ、それで若い頃から跳んだ発想を妨げられている人たちである。それで、ビジョンなどというあやふやで危ないものには近づかない習性ができてしまった人が多くなった。

第三に、ビジョンを構想し、その結果を表現する言語能力が不十分な人も多い。人間は言葉とイメージでものを考える。まずイメージを描き、それを言葉で表現して思考を進めていく。そのときに言語能力が貧しいと、描けるイメージに限界が出て、さらに思考の歩みを進める正確さやスピードが足りなくなる。それではビジョンは描けないだろう。

第四に、こうした三つの壁を乗り越えてあえてビジョンらしきものを描こうとしてみる勇気ある人に、過度なリアリティチェックを多くの組織がしがちである。

たとえば、どんなビジョンであっても、その下で現場がどう動くかの詳細設計を見せてくれなければ、納得しないというリアリティチェックである。ある意味で正論ではある。現実の動きは、現場の一歩一歩の積み重ねの中でしか動いていかないからである。

そこで錯誤が始まる。すべての詳細設計が出そろわなければ、ゴーサインを出すべきでない、という正論に聞こえる錯誤である。

建築の世界のアナロジーが分かりやすいかもしれない。大きな建物を作るとき、大別して三つの設計がありそうだ。第一に建物のコンセプトの設計、そして第二にそのコンセプトを建物の構造の形に表現する基本構造設計。そして第三にその構造物を実際に施工するために必要な詳細設計である。この詳細設計がなければ、建築の現場が動けないことは、たしかにその通りである。

しかし、詳細のすべてが分からなくても、おおよそ可能と見当のつくことはたくさんある。その見当がつくくらいの人でなければ、基本構造設計などやれないだろう。すぐれた建築家は、まず一方で施工設計が可能かを気にしながらも、まず自分のビジョンをベースにコンセプト設計を行い、それを基本構造設計に落としていく。現場の施工設計を優先させて、それを集合体とした基本構造設計を作るような建築家に、いい建物は作れないだろう。

建築のコンセプトにあたるものが、戦略の世界でビジョンと私が呼んでいるものである。そして、基本構造設計にあたるのが「ありたい姿」の構想である。現場の施工設計は、変革のシナリオにあたるものであろう。

初めに施工設計からリアリティチェックをやろうとするから、ビジョンまではとても到達できない。それでビジョンが描けなくなる。ものを考える順序が間違っているのである。

現状の姿の定型的分析に走る

ビジョンを描ける基礎能力と基礎性向のある人でも、しばしばビジョンを描くことから戦略思考を始めない理由の一つは、「現状の姿をまず分析しなければならない」という強迫観念に近い思いを多くの人がもっていることにありそうだ。

たしかに、「現状の姿をまず分析せよ」と多くの戦略の教科書に書いてある。戦略分析の本を読むと、ほとんどが現状の分析から出発するステップがフローチャートのように書いてある。もちろん、現実を無視していいわけはないが、こうした「まず現状分析を」と書いている本の多くが、コンサルタントによるものであることには注意した方がいい。

たしかに、外部者であるコンサルタントが企業の戦略づくりの手伝いをするときには、まず現状の分析から入るのが正しい手順であろう。なぜなら、彼らには経験値あるいはおおよそのイメージとしてのその企業の現状という知識がないからである。それがなければ、ビジョンも何も描けるわけがない。

しかし、その企業で長い年月を過ごして、すでに組織と環境の実情がかなり頭の中に経験値として入っている経営者や経営幹部が、現状の分析から戦略思考を出発させるとどうなるだろうか。

現状の姿をくわしく分析すればするほど、現実の背後のさまざまな要因の連鎖のしがらみが理解できてくる。しがらみの理由も分かってくる。それはしかし、しがらみを乗り越えるための材料にはなりにくい。むしろ、「しがらみのかたまり」に足をとられ、大きな構想を描きにくくなる材料になってしまう危険の方が大きいと私は思う。

人間はついつい目の前の現実にとらわれた発想をしがちな動物である。だからこそ、夢を優先させる、ビジョンや目標を優先させる発想が必要になるのである。もちろん、そうは言っても、リアリティチェックは後の段階では必ず必要になる。しかし、現実に拘泥しがちな人間が、わざわざ現状分析から発想を出発させる必要はないと言いたいのである。

まずビジョンを描き、それで達成したい目標をイメージして、それを実現するために必要な具体的な「ありたい姿」を決めてみる。その後で現状の姿をくわしく調べてみると、ありたい姿と現状とのギャップの大きさに気づく。深刻な反省も生まれるだろう。そこで、どんな変革のシナリオを描けば現状から脱出できるかを、懸命に考えることになる。それが、真の変革のシナリオである。

しかし、まず現状の分析をやろうとすると、真の変革のシナリオに行き着くどころか、さらにまずいことが起きることも多い。現状分析のために用意されているさまざまな定型的分析に走り、それにはまるという落とし穴である。

定型的分析とは、さまざまな教科書に書いてあるような定型的分析枠組みを使う分析である。たとえば3C（Customer, Competitor, Company）という顧客、競合、自社の分析枠組み。あるいは4P（Product, Price, Place, Promotion）という製品や価格、流通などのマーケティング分析の枠組み。

こうした分析枠組み自体が悪いのではない。使い方を考え、自分で悩みながら分析をすれば、多くのヒントが得られるだろう。しかし、こうした安直な分析に走って、それで満足してしまう人がいる。現状分析のための枠組み、ツールが多くてみんな使っていると思うから、自分もそれを使うと安心感があるのであろう。しかも、見栄えのいいテンプレートを埋めていくと、現状が分かったような自己満足が得られる。

しかし、戦略思考ではその先が大切なのである。いい戦略（ありたい姿と変革のシナリオ）の内容をきちんと思いつくことと、その内容でなぜ成功がもたらされるかの論理をきちんと考えることである。定型的分析は、いい戦略へのアイデアやそれが成功する論理までは教えてくれない。

予算にこだわり、しかしスローガンは作る

まず現状分析を行うというスタンスは、現実ばかりを見ることにつながりやすいとたびたび書いてきた。現実ばかりを見て、戦略らしきもの（たとえば中期経営計画など）を作ると、どんなことになりそうか。

それが、この項のタイトルにした、「予算にこだわり、しかしスローガンは作る」である。

予算にこだわるとは、現実重視の姿勢からつい目先の業績を確保するための管理志向が優先してしまうことである。しかし、決められたことを予算化してそれをきちんと実行しているかをチェックするのが、予算管理である。決められていない未来のことへの道筋を描くのが、戦略思考である。予算管理と戦略思考では考え方のベクトルの方向がまったく違うのに、それを混同してしまう。そして、中期経営計画と来年度の予算の連動などと言い出そうものなら、まず予算にこだわって、真の戦略発想にはなりにくい。

たとえば、戦略作成時に、来期予算との連動ばかりを考えると、発想が小さくな

る。あるいは、戦略実行時に今期予算の達成のためについ将来を歪める短期的行動をとってしまう危険がある。

ただ、予算にこだわると将来への夢感覚がなくなることは誰でも分かるから、予算にこだわることへの一種の心理的補償作用として、将来へのスローガンは打ち出すようになりそうだ。ビジョンとは似て非なる、かけ声としてのスローガンである。たとえば、「世界一のサービスを目指そう」「業界のオンリーワン企業になろう」「シェア20％を目標にしよう」などなど。

もちろん、スローガンを掲げること自体が間違っているのではない。そうしたスローガンを掲げて、それを実現するように戦略を組み立てていくのは、正しい手順である。だが、スローガンだけで終わるなら、それはかけ声だけである。そして、それに予算がくっついていても、それでは戦略としてはまったく内容ゼロである。

戦略は「活動の設計図」なのである。つまり、ありたい姿、変革のシナリオ、行動案、資源配分の裏付け、そうしたものがなければ、戦略を作ったことにはならない。

多くの企業で、中期経営計画という管理装置が、スローガンと予算を作らせて戦略もどきができたと錯覚させる装置となってしまっている。できるかどうか分からないことの構想やシナリオを作るのが戦略。できそうなことの計画を作るのが予算。中期経営計画と予算を連動させれば、自然に戦略的でない経営計画となるだろう。

しかし現実には、いかに多くの企業で、たんなるかけ声だけのスローガン、戦略の裏付けなき目標がぶち上げられることか。そして、その空虚な目標になんとかしてつなげるようにと、数字合わせだけの経営計画が作られることも多い。それが、現実ばかりを見るという経営スタンスの、ほとんど論理的帰結なのであろう。

高い志と低い目線

まずビジョンを描き、現実ばかりを見過ぎないようにするためには、どうしたらいいのか。しかも、現実を無視せずに、現状の姿から実際に動いていけるような戦略を考えるのには、どうしたらいいのか。

二つのことが指摘できそうだ。一つは、目線を上げよ、ということである。遠い将来のビジョンを描くためには、現実ばかりを見る目線からより高いところを見る必要がある。そして、目線を上げるためには、その原動力としての高い志が必要となるだろう。戦略を通して、そもそも何を実現したいのかという志である。

しかし、現状の姿から動いていけるための具体的なアイデアを変革のシナリオとして思いつくためには、現実の詳細を考える低い目線もまた、同時に必要である。現場をしっかりと見る低い目線がなければ、高い志だけではたんなる暴走になる危険がある。

高い志と低い目線、相矛盾しがちなその両方が共存することが、多くの名戦略家に共通する特徴だと思われる。先に紹介した西山彌太郎がまさにその好例であるし、本田宗一郎にも小倉昌男にもスティーブ・ジョブズにも、高い志と低い目線の共存を私は感じる。

なぜ共存が重要かといえば、戦略の構想の段階、決断の段階、そして実行の段階、その三段階のいずれにも、高い志と低い目線がともに必要とされるからである。

まず、戦略構想の段階でいえば、すでに述べたようにビジョンを描くための高い志、変革のシナリオのアイデアを思いつくための低い目線、がともに必要なのである。

次に、構想された戦略で行こうと決断する段階。それは、ジャンプに踏みきることを決める段階である。私は決断とは、論理の世界の「判断」をまず行い、しかし論理では分析しきれない不可知の溝をあえて「跳躍」することによって完成すると考えている。式で表現すれば、

決断＝判断＋跳躍

なのである。知的判断だけでは決断にはつながらない。何かを飛び越えて、やっと決断ができる。それが跳躍である。

判断という知的作業をきちんと行うためには、低い目線で綿密に集める情報のたしかさが必要である。しかし、最後の跳躍を行えるのは、あえて未知の部分を引き受けようとする高い志をもつ人だけである。だから、決断のためには、高い志と低い目線の両方が必要となる。

最後に、戦略の実行の段階。

そうして決断した路線を、まっしぐらに走り続けるためには、ほとんど動物的とで

もいうべき不屈の実行力が不可欠である。その不屈の実行力を生み出す大きな要因の一つが、再び高い志であろう。実行の段階でさまざまに発生する想定外の困難を乗り切るには、高い志が重要となる。

しかし、不屈の実行力とは、どんな小さな動きを積み重ねていくべきかを考えられる人だけがもてるものだ。何をやればいいのか分からない人には実行はできない。その小さな動きを考えつくには、現場の知恵がどうしても必要だろう。その知恵は、低い目線がもたらしてくれるものである。

しかし、高い志と低い目線の組み合わせをもてる人は少なそうだ。とくに高い志をもつ人の数がそれほど多いとは思われない。それよりは、低い目線の人の方が多いだろう。

したがって、現実的な解としては、低い目線の人たちに、せめて時々目線を上げようではないか、高みを目指すことをときに考えようではないかということであろう。

せめて目線を上げよ、そして現状と予算にこだわるな、といえるだろうか。

第２章 不都合な真実を見ない

不都合な真実を見ないとは

現実ばかりを見ることのマイナスを前章で指摘したが、その現実を見る際にも、じつは歪みが発生しがちなのがふつうの人間である。その歪みは、少なくとも二つありそうだ。一つは、不都合な真実から目をそらすという歪み、もう一つは、大きな真実が見えなくなるという歪みである。二つの大きな違いは、前者が本人にとってやや意図的、後者が本人は無意識という違いである。この章では不都合な真実を議論し、次の章で大きな真実が見えなくなる歪みを考えよう。

不都合な真実とは、自社の戦略を取り巻く要因の実態として、自社に大きなマイナスをもたらすポテンシャルが大きいような真実のことである。環境の将来動向についても、あるいは自分がこれからとろうとする戦略が生み出す影響についても、「そうなったら困るな」という自社に不都合な事態は数多くあるだろう。

その不都合さゆえに、そのマイナスインパクトの大きさゆえに、戦略を構想しようとする人たちがその事態を軽視したりあるいは直視しなくなってしまうということがある。本当は、そうしたマイナスの事態こそ直視しなければならないのにである。現実を見る目にどこかで歪みが生まれ、その歪みがふつうならきちんと見そうな現実から目をそらしてしまう。それが、不都合な真実を見ないということの定義である。

それは、無知ゆえにあるいは知的怠慢ゆえに見るべきことが見えなくなっているというのとはかなり違う。目の端では見えているのに、きちんと見ないのである。組織の中の末端では見えている真実が中枢部に伝わらなくて、戦略を考えるべき中枢部がその真実を見ないことになってしまうということもあるだろうし、中枢部自体が自分の目の端には入れながらも、軽視するということもあるだろう。結局は、都合のいいことだけを見たがるという人間の弱さが根底にある。

不都合な真実は、あちこちに存在しうる。環境の将来動向という戦略決定の最重要要因について例をあげれば、顧客のニーズが自社の得意な製品から離れていく、競争相手が自社が対応しにくい競争上の仕掛けをしてくる、技術の世界的動向が自社技術を陳腐化させる方向に動く――などなどである。

あるいは、自社が今とろうとしている戦略の将来のインパクトについて例をあげれば、企業買収をしようとしている相手先の企業から優秀な人材が逃げ出す、あるいは優秀な人材が言うことを聞かない、コスト削減のつもりで行うアウトソーシングが自社の技術的ノウハウを枯渇させる、自社の広告戦略がじつは顧客の信頼を損ないかねない――などなどである。将来の人材ポテンシャル、技術蓄積、顧客の信頼といった、私が「見えざる資産」と長い間呼んできて、戦略の成否を決める大きな要因だと思う「自社の将来財産」にマイナス影響が出るという不都合な真実である。

こうした不都合な真実を直視して、きちんと受け止め、その対策を懸命に講じるのであれば、その真実の存在自体は課題ではあっても問題ではない。しかし、戦略を決めるべき企業の中枢部がその真実を見ない、しかも「不都合だから見ないようにする」ということになってしまうと、それは大問題である。

その真実を受け止めないままに構想される戦略が失敗する確率はもちろん高まるだろうし、さらにその失敗の後始末にも、この章の最後の方で論ずるように、マイナスの連鎖反応が起きる危険が高くなる。それでますます泥沼にはまるのである。

歴史的大逆転劇の背後の、不都合な真実

多くの戦略の失敗はいわば複雑骨折のようなもので、複数の要因がからむのが普通だが、不都合な真実を見ないという落とし穴に同じ企業が二度はまると、複雑骨折がますます複雑になって結果としてとんでもない結末となることがある。

その実例の一つが、ビール市場でのキリンビール（現在はキリンホールディングス）とアサヒビール（現在はアサヒホールディングス）の間で起きた、大逆転劇であろう。日本の消費財市場全体の歴史を見渡してもめったにないほどのまれな例である。

二〇一六年現在、ビール系飲料（ビール、発泡酒、第三のビール）でのアサヒのシェ

アは39・0％、キリンのシェアは32・4％だが、三〇年前の一九八六年の両社のシェアはそれぞれ、10・5％と59・8％。圧倒的にキリン優位で、アサヒは低迷続きで第三位メーカーとなってしまっていた。それが、一五年前の二〇〇一年の両社のシェアは45・5％と35・2％で、アサヒがすでに現在よりもさらに優位になっていた。たった一五年間で、アサヒがシェアを35％も伸ばし、その裏側でキリンが25％近くシェアダウンするという歴史的大逆転が起きたのである。

逆転の主役は、アサヒが一九八七年に発売したスーパードライであった。スーパードライはのど越しの爽快感を売り物に、瓶入りの「生」ビールという新しい範疇のビールとして、顧客のニーズをつかみ大成功した。それまでの日本のビールの圧倒的トップブランドはキリン・ラガー。苦味を売り物にした、加熱処理をした「非生」ビールであった。

発売わずか二年後の一九八九年、アサヒのシェアは14％以上も増えて24・8％となった。キリンはこの期間に11％以上シェアダウンして、48・5％と二〇年以上続けてきたシェア50％の線を割ってしまった。この間、サッポロやサントリーは生ビールを売り出して、アサヒに防戦したが、キリンは生ビールで本格対抗しなかった。ラガーがそれまであまりにも強かったために、消費者のニーズがラガーの特徴から離れていきつつあるという不都合な真実を見なかったようだ。

だが、そのキリンも遅ればせながら生ビールの一番搾りを一九九〇年に発売、しかも成功した。これでスーパードライの快進撃が止まり、キリンのシェアも同年にはややアップ。その後の三年間、キリンのシェアは50％弱、アサヒのシェアは24％強というところで、膠着状態となった。キリンの退潮にも歯止めがかかったかに見えた。

この当時の日本のビールのトップブランドはまだ「キリン・ラガー」であり、スーパードライではなかった。キリンはラガーのトップブランドの地位をなんとしても守りたかったのであろう、一九九四年からラガーセンタリング作戦を始める。市場でかなり成功していた一番搾りへの注力をあまりせず、それよりもラガーを優先して売るという作戦である。そして、スーパードライとの差別化のためか、「ラガーは加熱処理したビールで、生ではありません」という宣伝すらしていた。

しかし、ラガーセンタリング作戦はあまりうまく行かず（顧客のニーズは生に向かっていた）、キリンのシェアもラガーのシェアも落ちていった。その劣勢を挽回して、ラガーというブランドのナンバーワンという地位を守ろうとする奇抜な戦略が、一九九六年一月に始まった。ラガーの「生」化である。

「生」の一番搾りと「加熱処理」のラガーというダブルブランドで行くのではなく、一番搾りへの注力は抑えたままで、キリンラガーというビールの内容を変えてビールの「生」化というマーケットの流れに乗ろうという作戦であった。キリンは、「生」の世界でダブルブランドになってしまった。しかしそれで、ラガーというブランドはシェアの数字の上では、スーパードライに抜かれずにトップの地位を守れるのだ。

そして、「ラガーは生ではありません」と宣伝していたキリンが、手のひらを返したように一九九六年一月から「ラガーは生です」と大キャンペーンを始めたのである。この年、キリンのシェアは46・5％で、アサヒはまだ30・4％。まだまだ15％以上もシェアの差があってキリンの方が強いのに、まるでスーパードライに怯えているような対応だった。この広告がはじめて新聞に出た日にたまたまあった大学の授業で、「これからとんでもないことがキリンに起こるだろう」と学生に話したことを私はまだ覚えている。

消費者は混乱し、キリンへの信頼は大きく揺らいだ。もともとのラガーファンの中には「裏切られた」と表現する人も大量に出てきた。もちろん、市場の反応は厳しかった。ラガーの「生」化直後からキリンのシェアは急速に落ち始め、二年後の九八年には業界トップの座をアサヒに明け渡すことになる。九六年から九八年までの二年間、アサヒは毎年5％前後もシェアアップさせ、ちょうど同じ分だけキリンのシェアが下がっていった。

アサヒがさらに画期的な新製品を出したわけではなく、スーパードライが大きく伸びたのである。その後もキリンのシェアは大幅下落を続け、二〇〇一年には、アサヒ45・5％、キリン35・2％と10％の差をつけられるまでになる。歴史に「もし」はないのだが、もしキリンがラガー「生」化をしなければ、この逆転は起きなかったであろうと私は思う。

ラガーにこだわり抜いたキリンが見ようとしなかった不都合な真実は、顧客のニーズの変化と顧客の信頼、この二点についての真実である。第一の点は環境の変化についての真実（この場合は消費者の好み）、第二の点は自分の行動が自分の財産（この場合は消費者の信頼という財産）に与えるインパクトについての真実である。

消費者の好みが大きく変わっているのに、自社の製品ラインには不都合な変化なので、深刻に見ようとしなかった。だから「生」ビールの新製品開発が他社よりもかなり遅れ、一番搾りの成功後もラガーセンタリング作戦をとってしまう。

また、ラガー「生」化作戦は、自社への消費者の信頼という財産に大きなマイナスインパクトをもちかねない行動であったが、ラガーブランドを大事にしたいという自社の思いは強かった。「ラガーは生です」というキャンペーンをすれば自社の信頼に大きな傷がつくという真実は自社にとって不都合なので、あえてそのマイナスを過小評価してしまったのであろう。

アウトソーシングと企業買収での、不都合な真実

キリンだけが不都合な真実の落とし穴の犠牲者ではない。他にも、日本だけでなく外国にも、さまざまな企業がこの落とし穴にはまる。後の歴史家が首をかしげるよう

な戦略の失敗の背後には、そんな落とし穴がありそうだ。

たとえば、日本車がアメリカで快進撃を始めた一九七〇年代のオイルショック後のアメリカ市場での、アメリカの自動車メーカーの対応。彼らは「日本車は狭くて居住性が悪いし、安かろう悪かろうのイメージがあるから、とてもアメリカ市場では成功しない」とタカをくくって本格的対抗をしなかったのだが、その背後には小型車を低コストで開発しにくいというアメリカ自動車産業の能力的弱みがあった。それが「競争相手は手ごわい」という不都合な真実を「あえて見ない、軽視する」状況へとアメリカ自動車メーカーを追い込んだ一つの大きな理由であろう。もちろん、世界一の自動車国のビッグスリーとしての驕りもあっただろうが。

後世の歴史家がおそらく不思議がるであろうもう一つの例は、一時期は飛ぶ鳥を落とす勢いだった日本の家電産業の凋落であろう。ここでもさまざまな「不都合な真実」を見なかった日本企業の姿勢を指摘できるが、その一つが自分たちのコストダウンのために大規模にやり始めていた生産の海外委託、そして設計の海外委託であった。主に、台湾企業とその中国現地法人に対する委託だった。

どんな仕事にせよ、それをアウトソースするとその仕事を自分はやらなくなるのだから、その仕事を通じての現場学習の機会を失うことになる。その結果として、その仕事についての自社の能力は低下する危険が大きいという真実がある。能力が低下しても構わないような仕事なら、その真実は不都合ではないだろう。しかし、製品の設計という新製品開発の肝となるような仕事までアウトソースすると、この不都合な真実が現実のものとなる危険は高い。そして、長期的に能力低下が起きて、ついにはアウトソース先優位になり、相手のいいなりになってしまう危険がある。

この点をずばりとついているのが、アップルに勤める日本人エンジニアの次のような証言である（Business Journal 2015.3.15）。

「日本とシリコンバレーのエンジニアの違いはなんでしょうか？　技術力です。ハードウェアは日本の方が低いです。よく日本は素晴らしい技術を持っていると言われますが、ハッキリ事実を言った方が良いと思います。知識も技術力も現在取り組んでいることも、日本の方がレベルは低いと思います。

その理由は単純です。ソニーやパナソニックが元気だった頃、量産体制を作り上げるために、それまで社内で設計していたのを、台湾や中国といった海外に委託しました。日本は仕様書を書くぐらいしかしなくなり、重要な設計の部分は外国に流れたわけです。

今、日本人の若手技術者は『ここになぜコンデンサーが必要なのか』を理解せずに、『このコンデンサーを外してはいけない』ということだけを知っているのです。しかし、台湾や中国の技術者は『なぜ必要なのか』をきちんと理解しています。設計する技術力は今、日本ではなく、台湾や中国にあるのです」

同じ危険を、私も日本企業のエンジニアから一〇年以上前に聞いたことがあり、それを「手配師の力学」と書いたこともある（『経営の力学』第7章「神は細部に宿る」）。下請（この場合は設計下請）に仕事を振る手配をすることがメーカーの現場の技術者の仕事になってしまい、技術者はエンジニアでなく手配師になるという力学である。

もっと大規模に自社の能力と相手の能力についての不都合な真実を見ない例が生まれやすいのが、日本企業による海外企業（それも名門企業）の買収であろう。買収先のポテンシャルについて、マイナス要素を過小評価し、いい部分を過大評価して、不都合な真実を見ないのである。とくに、買収先を日本本社がコントロールできる能力があるかという点について、不都合な真実が生まれやすい。海外名門企業は日本本社の言うことを聞かないことがかなりふつうにあるという不都合な真実である。

こういう失敗はあまり表面化することは少ないのだが、公知の事実になってしまっていると思われるのが、日本板硝子によるイギリスの名門硝子メーカー・ピルキントンの買収と、東芝によるアメリカの名門原子力企業・ウェスチングハウスの買収であろう。

いずれも大きな失敗に終わっているし、その失敗の原因も複雑骨折なのだが、骨折の一部は、買収相手をコントロールできる自社の能力についての見誤りだろう。日本板硝子の場合、小を大が飲むという買収だったこともあり、ピルキントンの社長を日本本社の社長にして全世界のオペレーションのマネジメントを任せたほどである。

しかし、結局、二つの事例ではいずれも日本本社が買収先をコントロールできなかった。問題は、買収前のデューデリジェンスの不足というようなものではない。相手が名門なだけに、誇りが高く日本本社の言うことを聞かず、コントロールは不十分になる危険を感じながらも、その不都合な真実にきちんと向き合わなかったためと思われる。

自社都合五段活用

環境の読みを間違える、あるいは自社の戦略の将来効果を読み違える——いずれもどの企業にも起きうる間違いであるが、その読み間違いが「自社都合の歪んだ読み間違い」、不都合な真実と向き合わないために起きる間違いであるところが、問題の本質である。たんなる予測能力の問題ではなく、現実と向き合うスタンスの問題なのである。

最初から誰も気づかないということは少ないだろう。でも、結果として不都合な真実を見ない方向へと歪んでいく。あるいは、最初にはある程度見えていたのに、途中から見なくなる。

そんなことはわが社では起きない、とタカをくくっている人には、こんなたとえ話はどうだろうか。

たとえば、いつの間にか自社に都合よく顧客ニーズを解釈してしまう落とし穴。「顧客ニーズの五段活用」とでも呼びたい、こんな五つのステップである。

●顧客のニーズは、AとかBとかがありそうだ
●顧客のニーズは、Bかもしれない
●顧客のニーズは、Bであると自社には好都合
●顧客のニーズは、Bであるはずだ
●顧客のニーズは、Bである

最初は、両方ありうると見ているのに、途中からAというニーズの存在を見なくなってしまう。Aが自社に不都合だからである。そして、最後にはBだときっぱり断定してしまう。根拠不十分なのに。

さらにこの五段活用を一般化して、戦略の岐路のカ行五段活用と呼ぶべき「不都合な真実を見なくなる」五段階ステップを紹介しよう。

●可（カ）能性のある戦略としては、A案かB案かである。
●気（キ）持ちとして、Bも十分ありえそう。

●苦（ク）労しただけに、Bに賭けたい。
●決（ケ）心すれば、Bでやれるはず。
●根（コ）性でなんとしてでもBをやる。

可能性についての合理的判断をするつもりで始まった思考プロセスが、いつの間にか根性論に変わる。そして自社都合と根性論が不都合な真実を見させなくしている。

この章で紹介した逆転劇、アウトソース、企業買収のそれぞれの事例で、戦略の岐路の五段活用がそれぞれの企業の中でどのように進んでいったか、内部事情を知らなくても意外と想像できる読者も多いのではないか。

天びんでの迎合

不都合な真実は、見えないのではない。見なくなってしまうのである。それは、ことの重要性を「軽視する」ということもあるし、重要性にうすうす気がついていても「直視しない」ということもあるだろう。いずれの場合もその結果として起きることは、すべての観察や読みにおいて、突き詰め不足になることである。しかも、不足をどこかで感じながらも、不足のままでやり過ごす。

なぜ突き詰め不足になるのか、やり過ごすのか——基本的な理由は、次の二つであろう。単独でも、複合しても、不都合な真実を見なくなる。

1．天びんでの迎合

2．やぶヘビの回避

天びんでの迎合とは、あれかこれかと突き詰めていって、二つのことが天びんにかかって、どちらかの選択という段階まではきちんと考えるのだが、天びん状態での最後の選択でつい甘えが出て周囲に迎合してしまうということである。だから、突き詰め不足になる。

やぶヘビの回避とは、さらに突き詰めると暗闇が待っている予感、やぶからヘビが出てきそうな予感がして、その暗闇あるいはヘビを回避して、思考がそこで停止する。あるいは、思考をやぶから離れる方向へと向わせるということである。だから、真実には近づけず、当然に突き詰め不足ということになる。

いずれの場合もそれぞれ、天びん状態までは知的に持ち込む、やぶの寸前までは思考を働かせる、という意味で、それなりの努力がある。まったくの知的怠慢ではない。しかし、その難所にさしかかった後の対応のスタンスが甘くなるのである。

では、まず天びんでの迎合について、この項で議論しよう。

天びん状態までもっていっても、最後に周囲に迎合して判断がゆるむという場合、「周囲」とは三種類のものがありそうだ。第一に自社内の周囲、第二に業界という周囲、第三に常識的見方という社会全体の周囲――いずれの周囲に迎合しても、不都合な真実から目をそらすことになるだろう。

自社都合でものを考えるというのが、自社内の周囲に迎合する典型的パターンであろう。自社に都合の悪いことを言うと、周囲から冷たい反応がくるのがいやで、自社の周囲が受け入れやすいことをつい考える。

業界という周囲に迎合しているのは、業界共通の色眼鏡で現実を見ているというケースである。迎合している本人も、迎合という意識は弱いのかもしれないが、業界共通の眼鏡をかけていることが一種の免罪符になって、その先は思考停止になる。赤信号、みんなで渡れば怖くないとでもいおうか。

常識的見方に従うという、いわば社会全体に迎合しているケースは、もっと迎合という意識はないだろうが、かなり性質が悪い。本人が常識を疑うというスタンスをもたないということが、じつは常識に迎合しているということになるのである。常識に反することを考えるのはいやだから、常識にたどり着いたところで思考停止になる人、天びん状態をさらに突き詰めない人は案外多そうだ。

この三つの迎合のうちでもっとも気を付けなければいけないのは、もちろん自社都合への迎合であろう。この落とし穴にはまると、その結末はかなり悲惨であろう。しかし、現実にこの落とし穴にはまる危険は案外小さいかもしれない。自社の中にも、自社都合でものを考えていないかと反論する人が出る可能性がかなり大きいからである。

やぶヘビの回避

天びんでの迎合よりも深刻なのは、やぶヘビの回避の場合である。このケースでは、暗闇あるいはヘビが待っていることを予感しつつ、しかし、だからこそ回避してしまうのである。だが、予感があるくらいだからヘビが実際に出てくる確率は高く、その場合には回避していたのだから悲惨な結末になりやすい。

予感しつつ回避しているとは、回避している当人には心理的葛藤が生まれていることを意味する。本当はきちんと突き詰めなればいけないという心理と、しかしヘビをつついて自分がトラブルを招きたくないという心理の間の葛藤である。やぶの中にいるヘビの典型例としては、トップの期待、過去からの路線、予算の制約があげられるだろう。

真実を突き詰めて見ようとすると、そこにはトップの期待に反する真実が出てくるかもしれない。それは戦略担当者として避けたいというのが、第一のヘビの例である。

過去からの路線というヘビとは、不都合な真実が過去からの路線を否定することを要請する場合、否定されるべき過去の路線が避けたくなるヘビとなる、ということである。なぜ避けたくなるかといえば、ヘビに対応するためには過去からの路線を否定して新しい路線を構想し、かつ過去の否定と新路線の承認を組織内で説得することが必要となるからである。そんな面倒なことは避けたい、と思うのである。

予算の制約とは、仮に不都合な真実が掘り出されると、それにきちんと対応できる戦略には大きな投資が必要となるような場合、「そんなカネはない」という理由で戦略のオプションに最初から限界があると決めてかかってしまうことである。予算制約というヘビを相手に戦いたくないから、見るべき真実の方を多少歪めたくなるのである。

もっとも、どのヘビの例も、こうしてリストアップして冷静にそこからの結末を書けば、「そんなバカなことをしてはいけない」と誰しもが言いそうな例である。しかし、現実には企業の現場でそうした葛藤が起きることは多い、と考えるべきだろう。その葛藤の結果、そうしたヘビのいるヤブはしばしばやり過ごされるのである。

こんなプロセスから生まれる戦略が、大きな成果をあげる可能性は低く、失敗の可能性が高いことはすぐに見当がつく。しかし、ついつい不都合な真実から目を背ける人は案外と多い。しかし、じつは目を背ける本人がそれが危険であることを自分で感じ、しかしそのヘビときちんと戦わないことにうしろめたさを感じていることも多いだろう。そのうしろめたさをかき消すために、さらに二つの心理が動き出すことがある。

一つは、「その真実を見る必要はない」と自分を正当化するのである。その正当化論理で武装されると、他人がヘビの存在を指摘しても強烈に反論することになるだろう。もう一つは、あえて自社に都合のいい話ばかりを探して「いいとこ取り」をすることである。

いずれの心理が動くにせよ、そこで形成される「現実像」は歪んだものにならざるを得ない。やぶヘビの回避は、やっかいなことなのである。

ついつい生まれる負の連鎖

理由が天びんでの迎合にせよ、やぶヘビの回避にせよ、不都合な真実を見ないで作られた戦略で組織が動き始めると、どうなってしまうだろうか。しばしば、負の連鎖が生まれてしまうと思われる。

もちろん、不都合な真実を見ない戦略なのだから、失敗の確率は高い。戦略が失敗すれば、戦略の失敗そのものがもたらす、「失敗にあわてふためく」ということになる可能性が高い。しかしそれは、どんなプロセスでその戦略が作られようと、つまり不都合な真実を見なかったのか、最善の努力でも読むことのできない事態が発生したのか、失敗の背景とは関係なく、失敗自体がもたらす反動である。しかし、不都合な真実を見なかったケースでは、さらなるマイナスが生まれる危険がかなりある。

まず第一に、戦略の失敗の認識が遅れる危険である。不都合な真実を見なかったという事実を認めたくないために、ことさらに現実の展開に目をつぶり、ずるずると事態が進行してしまう期間が長くなる。それで、企業の体力が侵食される。あるいは早く対応すれば小さなコストの対策で済んだかもしれないのに、手遅れでさらなる窮地に追い込まれる。

そして第二に、失敗への対策が不十分になる危険である。失敗そのものを認めたくないのだから、それへの対応もあまり本格的にはしにくいのである。たとえば、新しい顧客ニーズという真実を不都合なものと軽視してきた企業が、そのニーズがあまりにも明らかになってきたら、そのニーズに一応対応している新製品で安直にお茶を濁すという例である。失敗への対応はしたという形だけは作れる。

さらに第三の危険は、失敗の真因を認めたくないために、的外れの大きな戦略を打ってしまうことである。たとえば、自分たちが見なかった不都合な真実に今回の戦略の失敗の原因があるのではないと強弁して、別な原因をあげつらい、それへの対策を新戦略として打ち出す、あるいは、失敗の挽回に大きな無理な戦略を打ってしまう。

こうして、不都合な真実を見なかったといううしろめたさがあるために、たんに戦略が失敗したという以上にさまざまな歪みが失敗への対応プロセスで生まれやすい。それが、この項で指摘したい「負の連鎖」である。

知的誠実さという防御

不都合な真実を見ないという落とし穴にはまらないためには、どうしたらいいのか。

心理的葛藤が背後にありそうな話なので、簡単な対策はない。しかし、だからこそモノを見る際の基本スタンスが大切であろう。それが、この項のタイトルにした、知的誠実さである。それだけが、唯一の防御になりそうだ。青臭い、学者らしい処方箋と言わないでほしい。人間の弱さを考えると、結局はこれしかないかという思いなのである。

知的誠実さとは、現実の観察の際にも、現実が自分たちの行動の影響でどう動くかの推論の際にも、事実を無視しない誠実さ、基本論理をゆるがせにしない誠実さのことである。

じつは、企業の現場でこの知的誠実さを担保するための人間臭い工夫が数多く試みられているように思う。たとえば、本田技研工業で有名な三現主義である。現地、現物、現実を大切にしてモノを見よ、考えよという本田宗一郎が強調したという教えである。

現地に実際に自分の体を運んでみれば、自分の目でさまざまに細かな直接観察をすることになる。現物が目の前にあれば、それを多くの人の共通の観察基盤とすることで、歪んだ見方は少なくなる。現実をさまざまに大切にすれば、不都合であろうがなかろうが、真実を目に入れざるを得なくなる。つまり、三現主義とは、不都合な真実を見ざるを得ない状況に戦略を考える人間の身を置く工夫と解釈できる。

あるいは、トヨタなどでよく言われる「なぜを五回繰り返せ」という教え。それだけなぜを繰り返せば、不都合な真実にぶつかる可能性が高くなる。つまり、この教えは不都合な真実にぶつからざるを得ない思考経路を作る工夫と解釈できる。

もちろん、「三現主義」にせよ「なぜを五回」にせよ、そのやり方が形式化してしまい、表面的な行儀作法のようになってしまう危険はある。その形式化がじつは不都合な真実を見ないための道具、言い訳に使われる危険もある。

そんな危険は承知の上で、しかしこうした工夫が現場の知的誠実さを維持するための工夫であることを心に留める必要がありそうだ。

誠実さが、自分たちの弱さや失敗を認める誠実さ、正論を言う誠実さや正論を認めようとする誠実さにもつながるのであれば、もっといい。ただ、そこまで高望みしなくても、せめて現実の観察と推論で知的誠実さを保とうとするだけで、不都合な真実を見ないという落とし穴に対する防御にはかなりなるだろう。

第3章 大きな真実が見えない

大きな真実が見えないとは

前章では、「不都合な真実」を不都合だからという理由で「見えかけているのに、突き詰めて見ない」ためにはまる落とし穴について考えた。しかし、真実が見えないのには、少なくとももう一つ深刻なパターンがある。それは、真実を見ようとする人の視野を大きく超えて広がるような「大きな真実」が、大き過ぎて見えない、というパターンである。

見るべき真実の対象は、不都合な真実の場合と変わらない。環境の読みの真実であったり、自社のとる戦略のもたらすインパクトについての真実である。不都合な真実を「見ない」のは、「見たくないから見ない」。大きな真実が「見えない」のは、「視野の外で重大事が起きるから、見たくても全部が見えない」。

もちろん、たんなる読み違い、あるいは想定外の環境変化というように、真実を見損なうというパターンもあるだろうが、大きな真実が見えないという場合は、見たいと思ってはいるが視野狭搾のために見えるはずのものが見えないという場合である。そして、見えない真実が「大きな真実」であるだけに、それを見落としたときの戦略の間違いは大きなマイナスになる危険が大きい。

たとえば、長期的な需要動向という大きな真実が見えないため、短期的な需要変動に振り回される戦略をとってしまう。それで、長期的に大きくなる需要を取り逃がす。あるいは、既存事業から多少距離のある産業での技術動向や競争動向という大きな真実が見えなくて、その産業での基本動向に合わない戦略（たとえばその産業への的外れな新事業展開戦略）をとってしまう。それで、新規事業が失敗する。

不都合な真実を見ないときは、うすうす気がついていても直視することを避けている。大きな真実が見えないときは、見る方は何かから目をそらそうとしているのではないのに、視野が狭いから見えてこないのである。

ただし、大きな真実が見えないために戦略の落とし穴にはまると、策定した戦略を実行してはじめて時間の経過とともに戦略がうまく行かないという事実が明らかになるだろう。大きな真実を無視・軽視した戦略なのだから、当然である。そして、戦略がうまく行かないという事実から、その背後にある大きな真実の断片が見え始めるだろう。

だが、そこが大きな分岐点である。しばしばそこで、大きな真実が不都合な真実に変わってしまう。大きな真実が見え始めているのに、それをあえて見ないようにしてしまう危険がかなりあるのである。それが、ありがちな、しかしもっとも怖いパターンかもしれない。

産業の地殻変動という、大きな真実

真剣に事業をやろうとしている企業に大きな真実が見えないなどというバカなこと

がありうるのか、という疑問をもつ読者もいるかもしれない。しかし、悲しいことだが、それが意外と多いようだ。人間の視野を狭くする要因は多いのである。

たとえば、半導体産業と液晶テレビ産業で連続して起きた、日本の電子機器メーカーと韓国メーカー（サムスン電子）との間の巨大な逆転劇の背後には、大きな真実が見えなかった日本企業の姿があるようだ。

一九八〇年代の後半、日本の半導体企業はDRAMというメモリー半導体の分野で、圧倒的な競争力をもって世界一の地位にあった。世界のトップスリーは、東芝、日本電気、日立製作所だった。しかし、一九八四年にこの分野にまったくの新規参入として登場した韓国のサムスン電子に、たった八年後の一九九二年にDRAM世界一の地位を奪われてしまう。そして、国別シェアでも一九九八年には韓国が日本を逆転して世界一となり、その後日本企業のDRAMからの撤退が続くようになる。

この項ではくわしくは説明しないが、液晶パネルと液晶テレビ分野でも類似の逆転劇が一九九〇年代後半から二〇〇〇年代後半にかけて起きた。液晶テレビのパイオニアであった日本のトップメーカー・シャープを、遅れて参入してきたサムスン電子が追い落とし、サムスンのみならず韓国のLG電子が液晶テレビの二大メーカーになっていくのである。ここで逆転された日本の電子機器メーカーは、シャープ、ソニー、パナソニックだった。

日本の半導体企業に見えなかった大きな真実は、半導体産業の地殻変動であった。産業の地殻とは、産業の競争構造を決める基礎的要件のことである。技術のトレンド、市場需要のあり方、競争力の分布などが具体的項目だと考えればいい。そして、技術の面でも、市場の面でも、巨大な地殻変動が一九八〇年代後半に起きていた。そのインパクトの大きさが十分に見えなかった。じつは、私自身もこの頃は日本の半導体産業の研究をしており、大きな真実が見えなかった一人である。それを正直に認めた上で、どんな大きな真実が見えなかったか、説明してみよう。

もちろん、これだけ意外で巨大な逆転劇である。意外とは、サムスンの参入は当時、無謀と言われたものだったのである。それだけの大逆転だから、逆転の要因は多岐にわたる。その中でも、技術面で一つ、市場面で一つ、そして競争力の面で一つ、それぞれで大きな変化が起きていた。その全体像とそのインパクトとしての産業の地殻変動が、日本企業には見えなかった大きな真実であった。

技術面では、技術の要が設備機器と部材に移り、半導体メーカー自身の技術開発競争の重要性がそれ以前よりも小さくなっていたことである。だから、カネを出していい設備を買えれば、いい部材を優先的に手に入れられれば、その半導体メーカーが品質の高い半導体を安く作れる技術的可能性が高くなっていた。

サムスンは、コンスタントかつ急速なペースで生産規模を拡大する戦略によって、技術を満載した最新設備を次々と手に入れ、その生産量の大きさを目指して部材メーカーがサムスンにいい部材をどんどん供給するようになっていった。それを可能にしたのは、サムスンの積極的な設備投資戦略であり、その背後の資金調達（韓国政府の援助も大きかった）であった。

市場面では、一九八六年から五年間の期限で発効した日米半導体協定があった。日本の半導体メーカーが米国市場を侵食するのを止めようとする協定で、日本企業はアメリカ市場での拡大が制限される一方で、サムスンには強敵の少ないアメリカ市場が開放されたも同然であった。さらに、この協定を守るために日本企業は経済産業省の指導のもとに生産調整型の協調行動をとって、それで利益を確保するようになる。

しかし競争の面では、一方で日本企業間の最先端半導体開発競争が激しくなった。その影響で、大半の日本企業が古い世代（つまり集積度の小さい）のDRAMから撤退して、先端市場へとわれ先にと移っていった。その結果、日本企業が去った後でしかまだ需要のある古い世代のDRAMの市場がサムスンにとって絶好の参入先として、残されることになった。

サムスンはさまざまな手段でできるだけの技術力をつけると、まず日本企業の去った古い世代の半導体市場で参入の橋頭堡《きょうとうほ》を築いた。そこであげた収益を資金の一つの源泉として、そして実際の生産経験からの技術蓄積をも利用して、積極的な設備投資戦略をとり、アメリカ市場を始めとする海外市場を攻めていった。半導体のシリコンサイクルと呼ばれる市況の変動もお構いなしに積極投資を続けるサムスンに、ユーザーの需要も設備機器・部材メーカーからの売り込みも、ともに集まるようになった。

こうした地殻変動の中で、日本企業は投資戦略でサムスンに遅れをとり、市場への積極的攻勢でも日本産業内部の調整を重視して遅れをとった。日本企業は不況になるとすぐに投資をやめるのである。その上、主な競争相手は国内半導体メーカーと思っている日本企業は最先端メモリーの開発競争に最大のエネルギーを使い、残存市場という参入可能な空き家をサムスンのために作っていた。

さらに、サムスンの技術力ではDRAMの高品質生産は無理という思い込みが、日本企業の側にあったようだ。私自身、サムスンが世界一になった後、追い抜かれた日本の半導体メーカーの技術者から、サムスンよりもアメリカのマイクロン・テクノロジーという半導体メーカーの企業研究をしたいと言われて、驚いたことがあった。サムスンは大したことない、アメリカ企業こそ危険だと思い込んでいた人がまだいたのである。

また、サムスン電子が日本企業を追い上げていた時期に、私は同社の社長とたまたま同社の工場で長く話す時間をもったことがあった。私は彼の戦略の明晰なこと、社長自身が自分の言葉でそれをきちんと語ること、その両方に驚いた。

日本企業は、戦略で負けた。それは、逆にいえば、日本企業には十分に見えていなかった大きな真実を、サムスンはきちんと見ていたということである。そして、一〇年の後に、液晶テレビでもよく似た逆転現象が繰り返されることになるのである。

成長市場への新規参入での、小さな真実と大きな真実

多くの企業が、未来技術が開く大きな成長市場というポテンシャルに魅かれて、新事業に乗り出す。新事業は自分たちの慣れ親しんだ既存事業とは違うので、新天地での大きな真実をつい見過ごして不十分な戦略を作ってしまい、それで失敗する。

そんな例はあちこちの企業にある。フロッピーディスク（ＦＤ）という情報メディアの生産販売に乗り出して失敗した、洗剤を中心とする家庭用品メーカー・花王もその一つの例であろう。

フロッピーディスクというのは、現在のＣＤの一世代前のパソコン用情報メディアである。この事業での生産・販売を花王が始めたのは一九八六年。一時は世界ナンバーワンシェアにもなったが、ＦＤの大幅な価格下落もあって事業は収益面で苦しみ続け、九八年に完全撤退を決める。数百億円の損失が出たと言われた。

そもそも花王がＦＤ事業への参入を決めたのは、ＦＤの高密度化に必要な技術をもっていたからである。ＦＤの高密度化には磁気ヘッドとの接触面で起きる摩擦を抑えることが必要だが、そこに花王が洗剤などで培ってきた界面技術が使えることが分かった。花王は、分散剤を使わずに磁性粉を完全分散させる磁性粉・表面処理の新技術を開発し、その磁性粉などの材料はＦＤ業界で高い評価を受けた。

しかし、この花王らしい技術が、ＦＤ全体の技術体系の中の一部にすぎず、他の部分での技術進歩はコンピュータメーカーに握られているという大きな真実が、花王には十分に見えなかった。なまじ、技術体系全体の一部で差別化技術があるという「小さな真実」と情報メディア市場の成長性が高いという「小さな真実」（多くの人が共有していた真実）に引きずられての参入だったのだろう。

しかし、花王にはコンピュータのハードやソフトの技術はなく、それらをもっているコンピューターメーカー、ドライブメーカーがＦＤ市場の技術進歩と市場変化を引っ張っていた。それがこの市場の大きな真実だった。だから、「コンピュータのハード、ソフトの技術もない当社には業界最先端の情報が入らず、いつまでもハード、専門メーカーの後じんを拝すことになる」「技術の進歩と市場の変化が速い情報という市場への理解が足りなかった」と撤退時の花王の社長は反省の弁を述べている。

花王の例は、未知の新事業でまだ健闘した方だ、というべきかもしれない。この例と同じように、製品の技術体系全体の中の一部の部材の技術をもっているからという理由でその製品へと川下進出する化学メーカー・素材メーカーは、枚挙にいとまがない。さらには、一時の日本の鉄鋼業のように、ほとんどの企業が鉄から半導体へと新事業展開した産業もあった。どちらも、ほとんど討ち死にである。

これらの失敗事例の大半に共通するのは、一部の技術が優位、あるいは一部の顧客との関係があるというような「小さな真実」と、成長市場の魅力という真実もあるがゆえに、新事業の産業地殻構造という大きな真実が見えなかった、ということである。

それは、新事業には自分たちが疎い大きな真実があるはずという健全な疑いを、なぜかもてなくなってしまう悲しい性というべきかもしれない。その大きな真実が不都合だと感じているから見ないのではなく、自分たちが慣れた視野の外のことが、なぜかバランスよく見えないのである。

なぜ大きな真実が見えないか

大きな真実の例として、産業の地殻構造の変動などを前項までの実例ではあげたが、その他にも、見えなくなると怖い大きな真実は多い。

たとえば、市場の地殻変動である。新興国の勃興、グローバリゼーションなどによる世界の貿易構造や需要構造の変動がその例である。あるいは、技術構造の変化としては、電子産業でのアナログ技術からデジタル技術への変化、あるいはインターネットなどの情報技術の変動もその影響は大きい。ときには、冷戦構造の終焉やトランプ政権の誕生、あるいはイギリスのEU離脱というような、政治構造の潮流変化や保護主義的傾向などが、貿易や国際投資に大きなインパクトをもたらすこともある。

こうした地殻変動はさまざまな分野での基礎構造の変動の例だが、構造は変わらなくても同じ構造の中でサイクルとして循環変動が大きな波をもたらすこともある。たとえば、石油、石炭、鉄鉱石などの資源価格の循環変動といった具合である。それにシェール革命のような大きな構造変動が同時に起こると、資源価格の変動サイクルの様子も大きく変わるだろう。

こうした地殻変動や変動サイクルは、日頃から事業活動をやっていれば真剣に見ようとしているはずなのに、さらに戦略思考をしようとしていればなおさらこうした大きな構造を見ようとしているはずなのに、なぜ大きな真実が見えないという落とし穴にはまってしまうのか。たんに知識がない人が見逃すということを超えた理由がありそうだ。

その基本的な理由は、目くらましの存在と地図の歪み、この二つに集約されるだろう。結果として、視野の狭搾や歪みが起きるのである。

目くらましとは、人の注意をついつい引いてしまうもので、それが視線を妨げる役割を果たしてしまう。あるものに目がくらんで、他の真実を見なくなってしまう。

地図の歪みとは、物の全体を見るためには見えてくる断片を整理する地図のような大枠が必要なのだが、その地図に歪みがあると全体を見る視野に歪みが出てしまうということである。

以下、目くらましと地図の歪みをよりくわしく考えるが、目くらましの典型例が花王の磁性粉・表面処理の技術であろう。それをもっているという小さな真実が大きな真実を見えなくしてしまう。地図の歪みの例は、日本の半導体企業の「技術の地図の上で自分たちが鍵をもっている」「韓国企業にはまだ実力がない」という思い込みである。産業の技術地図や東アジアの企業間競争という大きな地図が歪んでいた。その思い込みで現実を見るから、見えてもいいはずの大きな真実が見えなくなる。

目くらましは視線をさえぎるもの、地図の歪みは視線や視野を歪めるものである。

目くらましがあるから、大きな真実が見えない

小さな真実が、ほとんどの場合、目くらましの源泉となる。

真実でないものに、戦略思考をしようとする人の視線が注がれるとは思いがたい。真実だからこそ、それをきちんと見ようとする。ただ、残念なことにその真実が小さい真実であると、全体を見るための原点にはなりにくい。そこで注意が止まって、視線が十分に広がらなくなってしまう。

そうした小さな真実はしばしば、目先の対応を要請するあるいは可能にする真実である。有望そうな顧客からの注文という小さな真実、技術体系全体の一部の技術で優位性があるという小さな真実などである。その小さな真実に振り回されて、全体の構造に目が行かない。全体の地殻変動が見えなくなる。

官庁資料などによる成長市場の拡大予測というのも、しばしば小さな真実にすぎない。しかし、それに誘われて、多くの企業がその市場への参入を考えたくなる。みんなが同じ小さな真実を見ているからである。だが、成長予測という小さな真実の先に、参入が多過ぎて競争過多の市場になり、誰も利益をあげられなくなるという大きな真実が隠れている。市場の競争構造がどうなっていくかという大きな真実である。

しかも、多くの企業が共通に見ている小さな真実（成長市場の予測はその典型例）は、しばしば戦略を作る人間にとって、安心感の源泉になり、その先の大きな真実を見えなくさせる原因になってしまう。

なぜなら、将来に向かってジャンプする戦略は誰しも不安である。しかし、似たようなジャンプを隣でやろうとしている人がいると、自分は一人ではないという安心がある。本来なら、戦略とは他人とは違うことをやることによって「差別化」という武器を獲得するはずのものなのだが、不安な人間は「他人と同じだと安心したい」という矛盾した心理になることも多いのである。

目くらましになりがちな小さな真実の典型例は、先端の動きと流行の理論という小さな真実である。

市場の流れにせよ、技術の流れにせよ、地殻変動へとつながる流れが起きるときには、まず最初に動く部分がある。それが先端の流れである。その先端の流れは、最初に見えてくる真実ではあっても、全体の動きの基本線を示している保証はない。しばしば、引き込み線に入ってしまう、狼少年のような先端の動きもあるのである。

その先端の流れという小さな真実に目がくらんで、全体の動きあるいは基盤構造の大きな動きに十分な視線が注がれないということが、しばしば起きる。たとえば、DRAMの需要全体の中では本流はまだ古い世代のメモリーなのに、最先端技術開発競争に狂奔した日本企業は、先端の流れに目が行き過ぎた例であろう。先端の小さな真実が、本流の大きな真実を見えなくさせる。

流行の理論という小さな真実も、しばしば本流を見なくさせる。最近でいえば、IoT（Internet of Things）で、何でもつながる、どこでもデータがとれる、そこからビッグデータが生まれるという流行の理論である。たしかに間違いではないだろう。しかしその小さな真実が、全体のうちのどれくらいの大きさになるのかという本流の推移を冷静に考える、つまり大きな真実をきちんと見る、そのための視線をさえぎってしまう危険がありそうだ。

地図の歪みで、大きな真実が見えない

地図は、全体の構造を正確に把握し、自分の現在位置を確認するためのガイドの役割を果たすものである。いわば、自分に見えているさまざまな断片を体系的に整理するガイドである。

その地図の歪みには、二つの現象がありうる。

一つは、地図の中の部分によって、精度が異なることである。ある部分は100分の1の縮尺で描かれ、他の部分は1000分の1、さらに別な部分は1万分の1の縮

尺、といった具合である。たとえば、自分たちに経験が大量にある既存事業の周辺は100分の1で地図が描かれ、細部まで分かるようになっている。しかし、未知の事業では1000分の1でしか描かれず、細かいことはそれほど分からない、といった例である。

もう一つの歪みは、地図に空白の部分があるという歪みである。空白には二種類あり、一つは地図の外縁部の空白。どんな地図もある限られた領域の地図なのだから、その対象の外が空白になっているのは、ある意味で当然であるが、その空白部分が大きいという歪みである。いってみれば、最初から視野の狭い地図しかもっていないことになる。もう一つは、地図の中に抜けがあるという部分空白。どちらの空白があっても、地図は歪む。

もっとも典型的な地図の歪みは、精度の不揃いと外縁の空白が同時にあるもので、自分が慣れ親しんだ領域（中心部）の地図は精度が細かく、中心部から離れるにしたがって精度が粗くなり、最後には空白になってしまう（あるいは、空白とは極端な精度の粗さといってもいい）。

どんな地図であれ、その地図をガイドとして見たものを整理する人は、その地図の中に自分の見たことをすべて位置づけるようになる。それではじめて全体が見られるからである。そのとき、地図に歪みがあると、自分に見えている断片の位置づけが歪んでくる。

たとえば、精度の粗い部分に収まるはずの断片の位置づけはいい加減になる。外縁の空白に収まるはずのものは、無理やりに空白でない（しかし精度の粗い）部分のどこかに位置づけることになるだろう。この場合も、位置づけはいい加減になるだろう。

こうして断片の位置づけがいい加減になれば、その位置づけをつなぎ合わせて作られる全体像が歪んだものになってしまう。だから、大きな真実がきちんと見えなくなるのである。

多くの企業が新事業で失敗するのは、この歪みのせいである。既存事業の部分の地図の精度は高いので、その分野では慎重な事業判断をする。しかし、経験のない分野の部分の地図の精度は粗く、また空白もあったりするのに、その歪んだ像をもとに判断してしまう。だから、経験のない分野では驚くほど大胆な判断を、その大胆さを意識しないままにしてしまうのである。だから、新事業でも成功できそうな気がしてしまって進出の判断が安易に行われる。

こうした地図の歪みが生まれる基本的理由は、過去の影を人間の認識が引きずるからである。そもそも、地図は過去の経験から作られる。それに過去からの既得権益という要因が加われば、ついつい自社に都合のいい方に地図は歪みそうだ。その上、過去のデータが地図づくりの背景にあることも多いことが、地図の歪みの原因になる。

そもそもデータというのは、過去に起きた現象を測定した結果である。未来についての測定というのはない。しかもその測定データを集計して人間に分かりやすいようにまとめるプロセスは、現象の上にある構造を想定して、その構造にしたがって集計する――たとえば、顧客の需要という過去のデータを顧客の属性別に集計することがよく行われるが、その属性とは既存事業での事業活動の表現のために便利なように決められた属性構造にすぎない。だから、データにもとづく地図というのは、過去からの構造の少しの変動を見るには好都合だが、構造変化を見るには不向きなのである。

大きな真実が不都合な真実に変わるとき

目くらましと地図の歪み、どちらが大きな真実を見せない力が大きいだろうか。

私は、地図の歪みの方が怖いと思う。目くらましで視線をさえぎられているとき、何かの拍子に目くらましの先の真実が見えてくると、目くらましの存在に気がつきやすい。しかし、地図の歪みで視線が歪められているときには、歪みはあっても多少なりとも見えていることはある。問題は、それがどう歪んでいるのか自分には分からないことである。だから、地図の歪みがないかをつねに気にしていないと、大きな真実が見えなくなる。地図は歪んでいるものというくらいの自己認識がちょうどいいのだろう。

目くらましにせよ、地図の歪みにせよ、大きな真実が見えないままに現実の事業活動をしていても、はじめは見えていなかった大きな真実の一部が次第に見え始めるタイミングが来るだろう。事業活動についての大きな真実なのだから、意外と早い段階で見え始める可能性も高い。しかし、そのときが分かれ目である。

すでに指摘したように、その分岐点で「不都合な真実を見ない」という道に行きがちなのである。大きな真実が見えてきたのに、それを不都合な真実として見て見ないフリをするということが案外ありそうだ。

大きな真実が「これまでは見えていなかったのに、次第に見えてきた」という場合、企業の戦略はすでに、「これまで自社が見ていなかった真実」を軽視あるいは無視して作られ、その戦略で事業活動が動いていることを意味する。しかも、大きな真実は企業に与えるインパクトも大きい。その真実の軽視あるいは無視は、大きなマイナスの発生を意味する。つまり、「不都合な真実」なのである。

したがって、この分岐点では、見え始めてきた真実をさらに突き詰めるべきかどうかという悩みが始まることになる。大きな不都合な真実だけに、まず前章で述べた「やぶヘビの回避」ということになりやすい。そこをあえて乗り越えても、その先に「天びんでの迎合」の危険が待っていそうだ。しかも、大きな真実が見えなかったという責任問題も発生する。それも、その真実の直視を避けたくなってしまうもう一つの理由である。

こうして、大きな真実は不都合な真実に変わりやすい。だが、それを放置するのはきわめて危険だ。大きな真実が産業の地殻変動のようなものだとすると、その地殻変動を見ないようにしてしまうと、その結末はすさまじいものになることが懸念される。地殻変動に対して無策の状態が続くのだから、地殻変動にすり潰される危険があるのである。

鳥の眼と虫の眼

では、大きな真実が見えないという落とし穴を避けるためには、どうしたらいいのか。二つの対策を提案したい。

一つは、小さな真実から大きな真実の兆候を嗅ぎ取ることを心がけること。小さな真実は目くらましにもなるけれど、使いようによっては大きな真実を知るきっかけにもなりうる。

第二には、大きな地図をもつように心がけること。大きな地図とは、二種類ありそうだ。一つは、広い領域を俯瞰的にカバーできる地図、もう一つは歴史の流れを考える地図である。第一の大きさはカバーする範囲の領域的広さ、第二の大きさはカバーする時間軸の長さだ。

大きな真実といえども、小さな真実の集合体であることが多い。だから、何かの小さな真実を現場でディテールにわたって観察をすることから、大きな真実の兆候を読み取ることができる。ちょうど地震という地殻変動の予兆がしばしばあるように、感度を高くして小さな真実を細かく観察すると、その予兆に気づくことがある。

もちろん、小さな真実は断片だから、それをつなぎ合わせて大きな真実を描くためには論理構成力が必要だろうし、またどの方向で断片をつなぎ合わせるかの方針が必要だろう。その方針は、自分がもっている事業の大きなビジョンが与えてくれるだろう。どんな小さな真実に目をつけ、どう集合体を作るか、というガイド役である。つまり、現場の細かな観察力に合わせて、論理構成力とビジョンが必要となるだろう。

大きな地図をもつようにつねに心がけると、小さな真実の断片の位置づけの歪みが少なくなるだろう。また、大きな地図がないと、大きな真実のポテンシャルを自分が目にしていながら、その重要性に気がつかずに大きな機会を逃すこともありうる。

大きな地図をもつこととは、言い方を変えれば空高くから広く地上を眺める「鳥の眼」をもつということである。そして小さな真実をくわしく見るということは、地上で「虫の眼」をもって細かい観察をするということである。

つまり、大きな真実が見えるようになるためには、鳥の眼と虫の眼の両方が必要だということになる。

ただ、厄介なのは、鳥の眼と虫の眼が、互いに妨害し合うことが十分ありうることである。虫の眼に慣れると、鳥にはなりにくい。そして、鳥の眼に慣れると、地上の小さなことは見にくくなる。ときには、虫の眼で見た小さな真実が目くらましとなる。

だが、むつかしくても、鳥の眼と虫の眼の共存を確保する必要がある。そのために、一つの組織全体の中で二つの眼を別の立場として共存させることがありうる。戦略中枢は二つの神経回路をもたなければならない――と私に表現してくれた経営者がいた。

しかしもっといいのは、一人の個人として二つの眼を使い分けられる人を増やすことであろう。鳥が地上にしばしば下りてくるようにして、虫をついばむために虫の眼となるようにするのである。

つまり、小さな真実と大きな真実の間を行ったり来たりする習慣をつけること、虫の眼が見つける小さな真実から鳥の眼を働かせるきっかけを発見する訓練をすること、それが大切なのであろう。

第4章 似て非なることを間違える

似て非なることとは

第2章と第3章では、戦略を作ろうとする人間が戦略にかかわる要因の本当の行方、つまり真実の見方が歪むためにはまる、戦略思考の落とし穴について考えた。企業の環境や自社の戦略のインパクトといった要因についての、不都合な真実と大きな真実の見方についての落とし穴である。

この章では、そうした真実をなんとか見たとして、その先で戦略の内容を詰めるための思考プロセスでの、「考えの詰め方」の問題を扱おう。思考があいまいであるためにはまる落とし穴、言葉が大き過ぎるために思考がゆれ動く落とし穴である。

思考があいまいになる典型例の一つが、似て非なることを間違えることである。たとえば、マーケット動向と顧客動向、あるいは自社の能力と自社の強み——ともによく似ている言葉だが、その意味は少し違う。似て非なることなのである。

それは、言葉の微妙な違いなのだが、その違いが思考の初期段階であいまいなままに放置されると、その後の思考の経路に歪みが生まれ、それが戦略の落とし穴につながる。二つの似た言葉の違いをきちんと意識しないままに戦略を考え始めると、思考がさまよい始めることがある。それを、思考のドリフトと私は表現するのだが、そのドリフトは言葉の連想ゲームが生み出すことが多い。その結果として、戦略の焦点がボケたり、ズレたりする。

もちろん、ボケた焦点もズレた焦点も、いい成果をもたらさない。だから、そうした戦略は失敗することになる。それが、落とし穴にはまった結果である。

ここで私は似て非なる「こと」と書いているが、それは似て非なる「もの」とは違う。似て非なるものを間違えるというのは、物の認識の誤認である。たとえば、本当の顧客とかりそめの顧客を間違えてしまって、ムダな対応をする。あるいは、真の競争相手が誰かを間違えて、的外れな競争戦略を市場に向けてとってしまう。前章で紹介した日本の半導体企業は、じつは長い間、真の競争相手がアメリカ企業だと思い込んでいたふしがある。サムスン電子だと思えずに誤認していたのである。

これは、事実誤認である。不都合な真実の場合も、大きな真実の場合も、そうした誤認が起きやすい。だが、この章で問題にしようとしている「似て非なること」は、物の認識の間違いとは違って、思考のポイントのボケやズレが起きるような、思考プロセスのあいまいさの問題である。

マーケットインでなく、顧客イン

より具体的な例で議論した方が分かりやすいだろう。戦略の世界の初歩的な「べき」論としてよく出てくる、マーケットインという言葉を出発点に議論してみよう。

マーケットインという言葉は、プロダクトアウトという言葉の逆概念としてよく使われる。プロダクトアウトというのは、市場で本当に受け入れられるかどうかをそっちのけにして、自社にとって都合のいいプロダクトを市場に出してしまう（アウトする）ことである。当然、それでは失敗するだろう。だから、市場の動向をきちんと取り込んで（インして）、戦略を作るべきだというのである。

たしかにもっともではある。少なくともプロダクトアウトと並べられれば、どちらが望ましいかは誰でも分かる。しかし、マーケットの動向を取り入れてと簡明に書かれたマーケットインという言葉に対してふつうはどんな反応が組織の中に生まれがちかを考えると、じつは以下に説明するようにさまざまな歪みが生じうる危険が想起される。だから、マーケットインという言葉の狙いは是とした上で、そうした歪みが生じにくい別な言葉と考え方を使った方がいい。それも、明確に意識してそうした方がいい。それが、「顧客イン」という言葉であり、考え方である。

顧客インという言葉は、「顧客の立場にたって、顧客が真に望むことは何かを徹底的に考え抜く」というスタンスを意味する、私の造語である。顧客のために考えるというより、さらに顧客の立場に深く入る。本田技研工業の創業者・本田宗一郎は、顧客インという言葉は使っていないが、同じような考えを「人の心に棲んでみよ」という言葉で表現したことがある。顧客の心のありようをまざまざと想像できるまで、顧客の心に棲んでみよというのである。住むのではなく、棲む。選ばれている漢字の語感もいい。

顧客インとマーケットイン。この二つの言葉は、よく似ているが同じではない。インする対象が、一方は顧客、他方は顧客だけでなく競争相手も含んだマーケットである点が違う。似て非なることの典型例である。

では、マーケットインという言葉はどんな歪みを組織に、あるいは戦略を考えようとする人に、もたらしてしまう危険があるのか。

マーケットというと、顧客以外にもちろん競争相手がいる。そして、市場では自社も競争相手も販売活動を行っているので、その成果が販売データとして計測されている。競争相手と販売データ、この二つがクセモノである。

競争相手の存在がもたらしがちな思考の歪みは、彼らの動きとそれへの自社の対応に目を奪われ、顧客の満足ということが二の次になる危険である。そこには、二つの力学が働きやすい。

一つは、目には目をという力学である。競争相手が動いたら、いちいちそれに対抗措置を講じなければいけないとつい心配になる。だから、必要でない対抗措置まで繰り出すことになりかねない。その対応行動が顧客の満足を大きくするかどうかを深く考えずに、である。結果として、競争相手を出し抜く対応ができても、それが顧客にとってはとくに大切なポイントではなくて、自社も競争相手もともに顧客にそっぽを向かれるという事態になりかねない。

第二の力学は、ベンチマーキングの力学である。製品開発などの際に、競争相手と比較するのはもちろん必要なのだが、そこで自社の「弱点をつぶす」ことばかりに注意が集中する。どこで競争相手を「凌駕できるか」とまでは、なかなか考えが届きにくいのが、多くのポイントをリストアップするベンチマーキングの結果である。だから、マーケットの競争は同質化競争になり、チマチマした差別化ばかりになって顧客の満足が得にくくなる。

マーケットという言葉が販売データを連想させることから、二つの歪みが生まれる危険がある。

第一の歪みは、顕在需要重視という歪みである。すでにある販売データは、需要として顕在化して実際に購入実績があるもののデータである。そこには、まだ「売れていない」潜在需要のデータはない。だから、販売データを重視すると、潜在需要を見逃す危険が大きくなる。

第二の歪みは、データ検証重視の歪みである。データに頼る判断、つまり定量的判断だけに頼るようになり、顧客の気持ちはどう動くだろうかというような定性的な判断に気が回りにくくなる危険がある。

もちろん、こうした歪みの力学が生まれやすいからといって、競争相手のことを考えなくてもいいというわけではなく、データを無視していいというわけでもない。しかし、競争相手や市場データを考える前に、まず「顧客の心に棲んでみる」という顧客インのスタンスでものを考え、自社としてやりたいことの方向が定まったら、そこではじめて競争相手や市場データを使ってその方向でいいかをチェックする。そんなスタンスで戦略を考えるのが望ましいと思われる。

本田宗一郎は市場調査を嫌った。お客さんは技術的に何が可能か、どんな製品を自社が提供できるかを知らない。だから、市場調査を重視するというのはお客さんという素人さんに製品開発の基本を聞くようなものだというのである。「素人さんに聞いて製品を作るのか」と、彼は言っていた。

また、アップルの創業者スティーブ・ジョブズも、「顧客は実際に新製品を見せられるまで、自分が何を欲しいか分かっていない」と言っている。本田宗一郎とほとんど同じスタンスである。顧客の心に棲んでみて、顧客インでまず考えることの大切さを、二人の希代の経営者は強調しているのである。

「負けない」でなく、「勝てる」

負けない戦略と勝てる戦略は違う。勝てる戦略が必要なはずなのに、負けないような戦略についついなってしまうことは意外と多い。「負けない」と「勝てる」は、ともに結果が負けにならないという意味で似ているが、結果として勝てるのかという点では似て非なることである。

その典型例が、前項でもあげたベンチマーキングの力学のもとの製品開発である。

競争相手の製品と比べて、たとえば下の表のようなものを会社の会議で見たりあるいは自分で作ったりしたことのある読者もかなりおられるのではないか。

こうしてベンチマークすると、自社の弱い点がつい気になる。だから、製品開発の資源とエネルギーを「機能1」と「使い勝手」に割きたくなる。弱みの補強をして、競合製品に追いつくためである。しかし、それでは「負けない」戦略にはなっても、勝てる戦略にはならない。

コマツの前会長の坂根正弘さんは、

表4-1　製品ベンチマーキング

	競合製品A	競合製品B
機能1	×	△
機能2	△	○
品質1	○	×
品質2	△	△
使い勝手	×	×
価格	△	△

○ 自社優位　△ 同等　× 自社劣位

「ダントツの部分がある製品開発こそ大切」と言う。いくつものチェックポイントで改善するのはいいが、最後の資源配分は、平均点主義でいくのではなく、相手に負ける部分を一部は覚悟してもダントツな部分を作るようにするというのである。前述の例でいえば、機能2を◎にする、品質1を◎にするということに資源を割くことである。その代わり、使い勝手では多少劣っても仕方がないと考える。

つまり、相手に負ける部分を許容することで浮かせる資源をダントツ部分の確保に投入する、ということである。しかし、それは覚悟のいることである。その覚悟のできない人は、つい「弱点をなくす」という全方位的製品開発をしがちになる。それでは、顧客を惹きつける魅力ある製品にはなりにくい。

負ける部分があっても大きく勝てる部分を作れば、全体として勝てる戦略になる。それが、製品開発のみならず、戦略の要諦の一つである。それは、企業全体としての能力蓄積の方向を決めるときにもいえることである。どの能力もそこそこにすれば負けないと考えるのではなく、多少は能力の劣る部分があってもうんと強い別の能力があれば、事業全体は回っていくし、仕事のプロセスの中で劣位の能力も次第に磨かれてくることも多いのである。

もう一つの「負けない」の例は、様子を見ようという戦略。負けたくないから、下手は打てないと思う。だから、相手の動きの様子を見る。しかしそれで、「勝てる」戦略になるのか。しばしば相手に先手をとられて、後追いの効率の悪い戦略になってしまう。むしろ、先制攻撃を仕掛けることが、必勝作戦なのである。

ただし、製品開発で一部の機能などに集中投資するにしても、能力蓄積で一部の能力を最優先するにしても、あるいは先制攻撃を仕掛けるにしても、勝てるための戦略には資源の集中投下が必要になることが多い。しかし、その集中が間違っていたら困る――リスクが大きいと多くの人が躊躇する。だから、「負けない」戦略をついついとりがちになるのである。

負けない戦略をとること、とり続けることの最大の問題点は、ただ「勝てない」というだけでなく、人材の育成にマイナス効果が出ることであろう。

たとえば、ベンチマーキングばかりして製品開発をしていると、そのベンチマークの結果が出てこないと製品開発の構想を作れなくなる人が多くなる。自分の頭で「顧客イン」をさんざん考えることが開発構想力を磨く道であるはずなのに、その訓練を放棄してしまうことになるのである。

あるいは、様子を見てから動くような戦略ばかり打っていると、将来の変化に備えて自分で能動的に動く戦略を作る構想力が身につかなくなる。戦略構想力は、不確実な未来のことをあれこれと考え抜いて深く悩む経験を経て、形成されていくものである。

負けないように考える、競争劣位をなくすように考える、弱みの補強をまず考える、というのは、勝てる戦略を考えることとは似て非なることなのである。

「やりたい」から「やれる」への五段活用

競争への対応ばかりでなく、自社の能力を考える際にも、「似て非なること」を間違えることは、現実にしばしば見られる。その例を二つ、この項と次項で考えよう。

企業の能力蓄積を考えるのは、将来のための備えとしても、現在の戦略実行力を担保するためにも、重要なことであるのは論を俟《ま》たない。いや、しばしば企業の能力は戦略を考える際の最重要の内部要因である。なぜなら、その能力が競争相手に対して優位に立ち、顧客の満足をきちんと獲得するための鍵だからである。

その能力についてしばしば起きる皮肉な間違いは、動機と能力の取り違え、あるいはすれ違いである。何かをしたいと思う理由が、動機である。「やりたい」と思うことである。しかし、その思いの強さと実際に「やれる」能力があるということは、残念ながら違う。「やりたい」と「やれる」は、似て非なることである。

たとえば、既存事業が長期低迷しているから新事業に乗り出さなければ企業の将来はないと思う。だから、新事業開発をしたいという強い動機が生まれる。しかし残念ながら、そうした状況の企業はしばしば新事業開発のために人材を割く余裕も、投入する資金の余裕もないことが多い。長期低迷が続いているのだから、無理もない。

しかし、動機として大きなものがあり、何かをしたいという思いが強いと、人はしばしば自分にその能力があると思いたくなる。思わずにはいられなくなる。だから、次のような願望から事実歪曲への「五段活用」についついはまることになる。

●やりたい

- やれるといい
- やれるべきである
- やれるはず
- やれる

思考の第一段階では正確に「やりたい」で始まったはずなのに、「いい」「べき」「はず」と思考がゆれ動いていって、五段活用の最後には「やれる」という歪んだ結論になってしまう。もう少し慎重なら、第五段でも「ともかくやってみよう」程度に抑えなければならないはずだが、ついつい「やれる」と言い募ることになりがちなのである。

しかも、動機があっても十分な能力がないのに、「やれる」と思ってしまうから戦略を実行し始めてしまう。それでは失敗するであろう。動機があるだけで能力が不足しているからである。

この五段活用は、能力不足という「不都合な真実」を見ないことにしてしまうことから生まれる「活用」あるいは言葉の変化であろう。第2章で説明した「天びんでの迎合」も「やぶヘビの回避」も起きそうな状況が、「やりたい」という動機の強さゆえに生まれるのである。とくに、トップに「やりたい」という気持ちが強いと、この五段活用がかなりの確率で生まれてしまうであろう。

本来ならば、本当にやりたいことを「やれる」状態にどうもっていくのか、その能力蓄積のための戦略をきちんともつべきである。その能力蓄積戦略をきちんともつのなら、「やりたいこと」をまず真っ先に考えるという思考の順序は間違いではない。問題は、その間違っていない出発点から歪んだ経路に入り込んでしまう危険である。べき・はず・できるという迷路である。

「やれる」でなく、「強い」

しかも、話はここでは終わらない。「やれる」という能力の認識が間違っていない場合でも、つまり企業として一応のレベルでその能力を実際にもっている場合でも、似て非なることはさらに続く。「やれる」という能力の存在と、それが競争優位の能力水準になっているかどうか、つまり競争相手と比較して優位にある「強い」能力であるかは、別問題だからである。

自社にも一応の能力はあるが、競争相手の方がさらに能力水準が高ければ、競争優位にはならない。それでは、戦略の成功を担保できる能力とはならない。「やれる」と「強い」は、似て非なることなのである。

SWOT分析という手法を聞いたことのある読者もおられるだろう。SWOTとは、Strength、Weakness、Opportunity、Threat の頭文字をつないだもので、自社の強みと弱み、環境の中の機会と脅威、それらをすべてリストアップして、自社の競争環境の中での自分たちの立ち位置を正確に位置づけようとする手法である。

SWOTの内容はすべて、誰しもが考えるべきと思う要因ばかりであろう。ただ、この分析ができたからといってそれで戦略がすぐに作れるわけではない。自社の強みを生かし、環境の中の機会に乗じ、しかし脅威にはきちんと対応して自社の弱みにも目配りが効いている、そんな戦略の内容を構想することは決して簡単なことではない。

その上、自社の強みをあげよと言われたとき、驚くほど多くの人が、自社が「他社並み程度にできること」をあげる。それが私の企業現場での経験である。しかし、「他人並みにはできること」を自社の強みと誤認してしまっては、きちんとした戦略づくりの出発点にはならないだろう。

たしかに、「やりたい」ことが「やれる」にまで跳んでしまう五段活用よりはましだろうが、しかし「やれる」ことと「強い」ことは、同じではない。他人より秀でていることだけを強みとしてあげるべきなのである。

しかし、他人より秀でていることをきちんと認識するのは、意外と厄介である。そこには、少なくとも二つの理由がある。

一つは、自社が競争相手よりも強いかどうかは、結局顧客が判断することだからである。より顧客満足の大きい製品やサービスの提供が可能になれば、はじめて顧客の判断が自社の能力優位を証明してくれることになる。しかし、事前に市場の判断、顧客の判断を正確に認識するのは、企業には意外とむつかしい。

たとえば、製品差別化を例にとると、本当に差別化された製品になっているかどうかは、顧客が判断することである。しかも、かなり明らかな差がないと、顧客は違いがあると認識してくれない。ところが、自社の技術者も営業も、その差を作るためにさんざん苦労しているから、その苦労の量が差別化の大きさにつながっているとつい思いたくなる。しかし、自社の技術者が長い説明のすえ、社内でわずかに差が分かるという程度の差では、顧客にとってあまり意味はないのである。

もう一つの理由は、自社の能力についてはさまざまな希望的観測という歪みが生まれがちだからである。「敵を知り己を知らば百戦殆《あや》うからず」という有名な孫子の言葉があるが、敵を知るよりも己を真に知ることの方が、生身の人間としてはむつかしそうである。

その上、それほどの強みが実際にはないなと肌感覚で思うのだが、そうはなかなか組織の中で表立って発言できないということもありそうだ。不都合な真実を見ない心理が動き出す、典型的な状況である。だから、「他人並み」がついつい「強み」としてあがってしまう。

変革のシナリオと最初の一歩

序章で説明したように、戦略のきわめて重要な部分が、現状の姿からありたい姿へと変革するためのシナリオである。それを作らなければ、いくらありたい姿を描いても、実現できない。

変革のシナリオは、長期にわたる変革のプロセスの全体構想である。当然に、遠い将来の部分についてはそれほど精密に描いても意味はないだろう。その将来時点での状況次第で最適な行動は変わるからである。しかし、直近の行動については、精密に考え、しかも最初の一歩の踏み出し方については、きちんと決める必要がある。現場の成り行き任せにしてはならない。

最初の一歩の踏み出しとは、たとえば製品を入れ替えて製品構造を変えようという変革のシナリオを描いたときに、どの製品の生産をいつからどの程度まで落とすのか、そしてその代わりにどの製品をどの程度の規模で生産し始めるのかという問題である。

ここでやめる製品の選択を誤ると、当面は固定費を稼いでくれる製品が少なくなってしまうかもしれない。あるいは、無用な赤字を垂れ流す製品を長く維持し続けることになるかもしれない。

あるいは、東アジアを中心とする海外展開という変革のシナリオを描いたとき、最初はどこの国にどの程度の規模で進出するか、その進出の形態を合弁でやるか単独でやるかといったような問題である。

こうした「最初の一歩」は、変革のシナリオ全体の中でもとくに重要である。そこには、二つの理由がある。第一に、最初の一歩の踏み出しにはエネルギーがいるから、往々にして静から動への動き、あるいは方向舵の大回転になることが多いからである。現状のしがらみからの踏み出しなのである。だから、慎重に、しかし果断に考える必要がある。

最初の一歩の踏み出しの重要性が高い第二の理由は、第一歩を間違えると影響が大きいからである。たとえば、変なスタートを切ったばかりに変革の最初の障壁を乗り越えられないことになるかもしれない。そうなったら、全体のシナリオへの信頼性がなくなり、組織全体が変革についてこれなくなる。あるいは、最初の障壁は乗り越えられても、ボタンの掛け違いのある「最初の一歩」だと、いずれ自己矛盾が露呈してにっちもさっちも行かなくなる危険も大きい。

そうした重要性をもつ最初の一歩なのに、変革のシナリオの全体ストーリーがあることで満足してしまって、あるいは全体ストーリーを作ることにエネルギーを使い過ぎて、その一歩の踏み出し方を精密に考えることにまで努力が回らないことがしばしばある。それで、その第一歩を現場の成り行きに任せてしまう。

つまり、変革のシナリオが一応あるということと、最初の一歩が明確になっているということは似て非なることなのに、そこを間違えるのである。もちろん、最初の一歩も変革のシナリオ全体の一部である。だから当然に考えるのだろうが、最初の一歩の重要性に比例しただけの大きさの努力投入がなされないままに、戦略が作られてしまう危険がある。

変革のシナリオの大筋が描けても、最初の一歩をどう踏み出すかを間違えると、その後のすべてがおかしくなる。変革のシナリオの大筋ができたからといって、安心してはいけない。それは最初の一歩がきちんと描けていることと同義ではない。似て非なることなのである。

大きい言葉、小さい言葉

この章であげてきた「似て非なること」の問題は、「非なる」考えの方がじつは言葉として「大きな」あるいは「あいまいな」言葉を使っているために、本当のことに似ているがじつはそうでない部分をも含んでしまっていることである。

下の図でいえば、Aが焦点を当てるべきことを表現する「小さい言葉」、Bがそれとは似て非なることより広いことを表現する「大きい言葉」としよ

図4-1　似て非なることを間違えた、焦点のボケとズレ

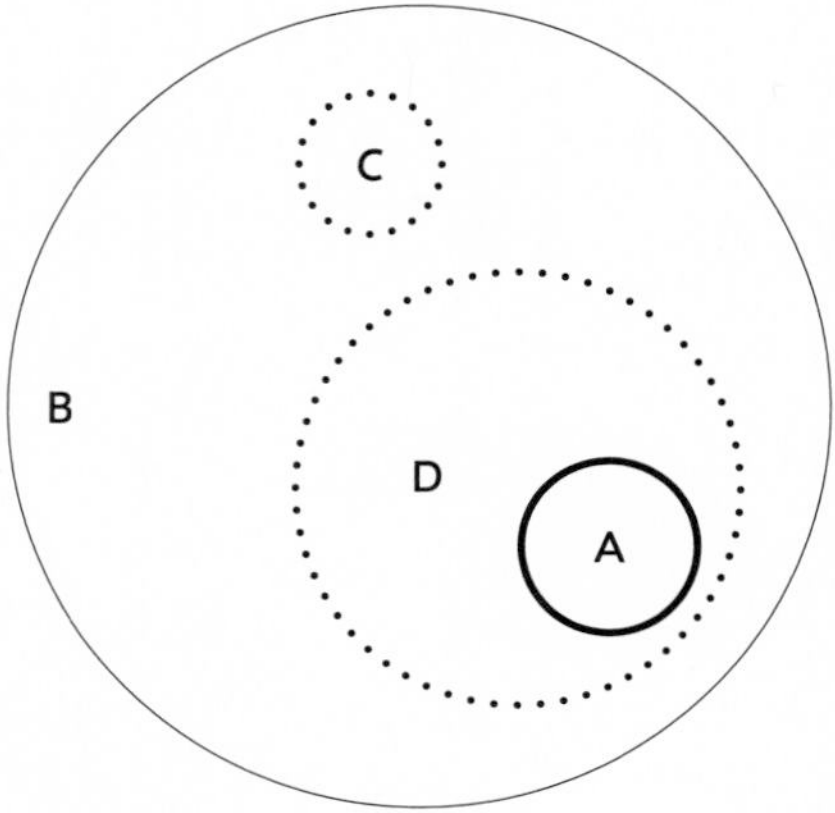

う。言葉の大きい・小さいとは、意味の広いと狭いの違いだと思えばいい。顧客インとマーケットイン、勝てると負けない、やれるとやりたい、強みとできる、最初の一歩と変革シナリオ全体――すべて狭い言葉に対してそれを含む広い言葉が存在し、その広い言葉で思考を済ませてしまうという間違いが起きる。

本当は焦点が絞られているAという言葉を出発点にして戦略の組立てを考えるべきなのに、よりぼんやりしたBという言葉を出発点にしてしまうという間違いを犯すと、その後の思考でBという言葉からの連想ゲームが起きてしまい、思考が歪んでいくのである。

たとえば、マーケットインという大きな言葉Bから思考をスタートすると、マーケットの中にいる競争相手のことにばかりに目が行き、競争対応になるようにと考えてDという考え方の戦略をとってしまう。もちろん、競争対応の一部として顧客のニーズを考えていないことはないから、その戦略の中にも顧客イン（A）になっている部分はある。つまり、DはAを含んでいる。しかし、真の顧客インのAよりは広い訴求をすることになるから、顧客対応としては焦点がボケた戦略となる。

あるいは、「できる」という大きい言葉Bからスタートすると、できることの中に入っているCという能力に目が行って、それをもとに競争戦略を考えればいいと思ってしまう。しかし、「強い」という小さな言葉で表現してもいいようなすぐれた能力であるAと「部分的にできる」というCは違う。だから、本来ならAを生かして戦略を組み立てるべきなのに、似て非なるCをベースにした戦略になってしまい、焦点のズレた戦略となる。

二つのケースでそれぞれ起きるのは、前者では戦略の焦点がボケるということ、後者では戦略の焦点がズレるということ。焦点がボケると、何を狙っているのか分からないようなインパクトの小さい戦略になってしまう。焦点がズレると、狙いはシャープでも的外れで効果のない戦略になってしまう。

どちらの方がまだましかはむつかしい問題だが、いずれにしても戦略の目的である顧客に訴え、競争に勝つということは十分にできない戦略になってしまうだろう。

いずれの間違いも、人間の思考が言葉の連想ゲームで進んでいって、思考がドリフトするために起きる現象である。Bからの連想が、前者の例ではDへ飛び、後者では

Cへ飛んでいる。しかし、連想ゲームをやってしまっている人は、それがAとは「似て非なる」ことに気がつかない。そもそも大きい言葉Bからスタートすることが問題なのである。

AとBの取り違えが生まれるのは、キーになる言葉の表現についての思考のあいまいさゆえである。それは、単純にいえば、言葉で表現できる能力が小さいからという言語能力の問題のように見えるかもしれない。しかし思考のあいまいさ、ゆるさの背後には、もっと深刻な問題がありそうだ。

それは、現場想像力の不足という問題と、集団思考の弊害という問題である。それが、「大きい言葉」をついつい使わせ、「小さい言葉」にまで思考を凝縮することを妨げている。

戦略を考える人間に、現場がどう動いていくかという現場の未来を想像する力が不足していると、現場がどうなるかのイメージが湧かない。たとえば、こんな最初の一歩をとったら、顧客はどんなリアクションをとるのか、従業員たちはどんな反応をするだろうかというイメージである。

アリストテレスも言ったように、人はイメージなしではものを考えられない。そして、ものを考えるということの大切な部分がそのイメージを言葉で表現することなのだが、イメージが湧かない人には言葉がうまく浮かばないのである。だから、現場想像力の不足した人は大きい言葉を使ってしまう。その大きな言葉の意味の範囲の中のどこかに現場の実態が入ると無意識に期待しているのであろう。でも、イメージが鮮明でないため、小さい言葉にまでは絞り込めない。

つい大きな言葉でお茶を濁してしまう第二の理由は、集団思考である。ワイガヤといってみんなで議論することは、たしかに衆知の結集という意味はあるが、しかし同時にあいまいな言葉でまとめてしまうという弊害もありそうだ。集団での議論の結論を取りまとめる段階になって、それを「丸くまとめる」ことになりがちだからである。みんなの意見を取り入れたまとめにしようと思うと、ついそうなる。丸くまとめるとは、大きい言葉であり、あいまいな言葉である。集団思考の結論をまとめるという作業が、大きな言葉で逃げることになってしまう。それが「似て非なること」を間違えさせる源泉になる。

結局は、小さな言葉を使う、そのために言葉を厳しく使う、言葉の定義を明確にする——それが必要なのである。そこをゆるくすると、似て非なることを間違える原因になる。

定義を明確にするというとアカデミックに聞こえて、学者の我田引水に聞こえるかもしれない。しかし、それが実務の世界でも大切なのである。人間の思考はそれほど移ろいやすい。この章でも紹介したコマツ前会長の坂根さんも、「リーダーにとって、言葉は命」と言う。

つまり、思考のうつろいとその背後の言葉の連想ゲームへの防波堤が、ビジネスの世界でも必要なのである。それが、言葉に厳しいことと小さい言葉を大切にすることなのである。

Ⅱ部 戦略内容の落とし穴

第5章
絞り込みが足らず、メリハリがない

戦略とは捨てること、なのだが……

I部では、戦略を考える思考プロセスにひそむ落とし穴について考えてきた。このII部では、思考プロセスの落とし穴にはまらなくてもはまっても、いずれにしても起きがちな戦略内容の足りない点、不足する点について、しばしば見られる四つの落とし穴を考えよう。

この章で扱う第一の戦略内容の落とし穴は、絞り込み不足という落とし穴である。

戦略という事業活動の基本設計図の鍵の一つは、あれこれと盛り込みすぎないことである。資源の集中のためにも、あるいは戦略を実行する現場へのメッセージとして分かりやすくするためにも、あれこれとてんこ盛りの戦略はよくない。

しかし、てんこ盛りにしないためには、何かを捨てる必要がある。完全になくすということでなくても、重要性を大きく下げるということも含めて、戦略とは何かを選び、何かを捨てることである。

しかし、そこに落とし穴がある。さまざまな理由で捨てることができないと思ってしまうものが多い。それで、焦点あるいはターゲットの絞り込み不足の戦略内容になりがちなのである。

焦点やターゲットは、戦略策定のあちこちで登場する。

たとえば、多数の事業を抱えた企業の事業ポートフォリオの中で、その中心をどこに置くかという「事業の焦点」。日本の合成繊維産業に属した繊維企業の中で、大半の企業が成熟産業としての繊維からの「脱繊維化」を目指した中で、繊維事業を基幹事業と位置づけ、そこに焦点を当て続けたのが東レである。それが、繊維以外の事業（フィルム、炭素繊維複合材料など）にもいい影響をもたらした。

あるいは、一つの事業の中で、どんな市場、どんな顧客をメインのターゲットと考えるかという「顧客の焦点」。宅配便で新しい事業を作り出したヤマト運輸は、宅配便市場への参入の初期にはターゲットを家庭の主婦に絞り込み、家電メーカーの商品貨物や百貨店の配送事業から撤退した。しかし、個人向けの宅配便市場で成功すると、主婦以外にも顧客は大きく広がっていった。

さらには、一つの市場の中での競争で、ターゲットとする顧客へ自社の魅力を訴求するときの「訴求ポイントの核」を何にするかという焦点。競争相手との差別化の武器を何にするか、価格にするのか、製品の機能にするのか、品質やサービスにするのかといった「差別化の焦点」である。海外でも大きな拡大をしている良品計画（無印良品）は、商品と店舗のコンセプトそのものを最大の差別化の武器（焦点）にして、そのコンセプトに従う統一性のある商品ラインと店舗の雰囲気で成功している。

ターゲットを決め、そこに戦略の焦点を絞り込むことが成功への第一歩となる基本的な理由は、すでに述べたように、絞り込んでそこに資源や努力を集中させることによるメリハリがメリットをもたらすからである。

そのメリットは、資源集中が競争相手との差を生み出したり顧客にアピールできるだけの存在感を生み出してくれるということである。さらに、戦略を実行する現場が日常行動において何を大切にしなければならないかが、絞り込みによって明確になって、組織としてのベクトルが合いやすいことも現場でのメリットである。

こうシンプルに書かれると誰しもこの論理には納得するだろうが、しかし、現実には絞り込みが不足がちとなることが多い。その最大の理由はおそらく、絞り込みによって不可避的にもたらされる「絞り込みから外れた部分」への心配であろう。絞り込みから外れた部分は、資源配分にしろ組織のエネルギーにしろ、「薄い部分」とならざるを得ない。その薄いままで全体がもつかという心配である。

たとえば、あるタイプの顧客をメインのターゲットにしようとすると、注意が薄くなる顧客層も同時に生まれてしまうことになるが、そこにはどう対応したらいいのか。すでに何らかの売上げをもたらしてくれているその顧客たちが怒って競争相手へ行ってしまわないか。あるいは、ある事業から撤退することを決めれば、そこへの投資やそこからの赤字は減るかもしれないが、売上げもなくなる。その縮小した売上げで会社全体の固定費を賄えるか。

こうして、絞り込みによって薄い部分が生まれることのデメリットは、目に付きやすい。だから、そこにばかり神経を使って、捨てることをためらうことになる。それで結局は、戦略としては全方位作戦になってしまいがちなのである。

選択と集中が重要とよく言われる。その意味は、どこか（何かの事業、製品、顧客など）を積極的対象として選択して、そこに資源とエネルギーを集中するということである。それは、絞り込みをするということである。しかし、この言葉の用法が本来の意味とずれている企業がかなりある。

そんな企業の一つで、選択とは「現状の中で止めないことを選択した部分のこと」、集中とは「現状の中でやや傾斜をかける部分のこと」という言葉の使い方に遭遇したことがある。本来の選択と集中がもっている「積極的にやることを選択する」という意味とは、明らかに異なる。止めないことを選択した部分は大量にいつまでも残り続け、そうして資源配分の対象が広がったままである上に、若干の傾斜をかける部分を集中と表現してしまっているのである。それでいて、「わが社は選択と集中を実践しています」と対外的には言っている。これでは、戦略の絞り込みが足らず、メリハリがなくなるのは、当然であろう。

資源の分散投入では、「どこでも勝てない」

戦略の絞り込み不足として、どんなものがありがちか。そして、絞り込み不足だと何が起きてしまうか。それを、この項から三つの分野で例示しよう。資源投入、顧客へのアピール、技術の選択という三つの分野である。

まず、この項では資源投入のターゲットの絞り込み不足を考えよう。どの事業にカネと人材を投入するか、どの顧客層へ広告資源を投入するか、どの地域での営業に人員を投入するか、どの技術の開発に人員とカネを投入するかなど、資源投入の対象の絞り込みはしばしば必要となる戦略的判断である。

その絞り込みが不足するということは、どこにもとくに濃く投入するところがなく、平均的に資源を分散投入することになる。そうなれば、どの分野にも競争相手よりも少ない資源投入、あるいは少なくとも「勝てない」資源投入しかできなくなる危険が高い。

たしかに、利用可能な資源には限界があるのが常だから、どこかに資源の集中投入をすると、その分だけ他には投資できなくなる。つまり、集中しない部分、薄い部分が生まれる。そこでは、自社が弱くなるだろう。でも、それを覚悟しないと、競争相手よりも資源的に優位になる場所がどこにもなくなる。だから、どこでも勝てないということになる。

だから、集中した部分でまず勝つことを狙い、そこで勝てた後の将来のプランをもつことが大切である。それはしばしば「一点突破、多方面展開」というパターンをとることになるだろう。一点に集中して勝ちを作り、その勝ちがもたらしてくれる成果や勢いを生かして、それまでは集中していなかった他の分野での優位性の源泉にしていくのである。

小売店舗の地域展開などの世界で有名な「ドミナント戦略」というのは、まさに一点突破の戦略である。地域を絞り込んで、そこに店舗を集中して出店する。また、店舗を支援する商品配送システムなどもその地域にきちんと作る。つまり、その地域に資源を集中投入することにより「ドミナント」（圧倒的）な存在となることを狙うのである。

集中出店をすると、商品の配送の効率が上がるだろう。だから、店舗での欠品が少なくなって、顧客が喜ぶ。あるいは配送ルートの共通部分が多くなって一店舗当たりの配送コストが安く済む。また、店舗自体が広告塔の役割も果たしてくれるので、ドミナントになった地域では顧客の認知度が上がるだろう。そうすれば、顧客が自社の店舗を選んでくれる確率も上がる。

こうしてドミナント戦略は、その集中した地域で各店舗が勝てる確率を大きくする戦略となる。逆にいえば、店舗の広域分散出店という資源の分散投入では、同じ量の資源、同じ数の店舗を投入しても、「どの店も勝てない」ということになりかねないのである。

ドミナント戦略の効果は、その地域での成功という直接的効果だけではない。そこで成功したことによる評判は、他の地域にも生きるブランドにまでなるかもしれない。あるいは、隣接地域でも役に立つ物流システムが手に入るだろうし、その地域の成功で育つ人材もあるだろう。さらには、ドミナントによる成功は大量の顧客接触を可能にしてくれるから、顧客からの学習量も増えるだろう。たとえば、その地域を含む、より広域の顧客のニーズのクセについての学習である。

こうして、「絞り込んだ場所以外でも使える財産」（もちろん、成功によるカネを含む）が手に入るということが、じつは「多方面展開」を可能にする論理の源泉である。それは、地域戦略としてのドミナント戦略に限らず、事業、顧客、技術などの絞り込みによる一点突破についても共通していえる、波及効果の基本論理である。

八方美人は誰にも好かれない

この項では、顧客相手の絞り込み不足という問題を考えてみよう。そこには、二種類の絞り込み不足がありそうだ。

第一に、誰を見て戦略を作るかという顧客ターゲットの絞り込み不足。顧客ターゲットが絞り込めずに、八方を見てしまう。そのために、誰にでも受け入れられそうな製品開発、的の絞れない広告などという事態が発生する。だから、八方美人になってしまう。

第二に、ターゲット顧客を絞ったとしても、その顧客層に自社をアピールする訴求ポイントを何にするかについての絞り込み不足。訴求ポイントを絞り込めないと、対象顧客が要求しそうなことのあれこれにすべて対応しようとして、特徴のない、多方面に目を配り過ぎた八方美人になってしまう。

顧客は、いろいろな要求をもっている。つまり、顧客のニーズは「束」になっていると考えるべきであろう。そのニーズの束をあえて四つに大分類すれば、製品そのもののよさ（性能、品質、デザインなど）、価格の安さ、補助的サービスのよさ（買いやすい場所で売っている、アフターサービスがいい、購入ローンなどがある、などなどの付帯サービス）、ブランド――となろう。その束のどこを訴求の核として狙うかが、訴求ポイントを決めるということである。そのポイントを競争相手との差別化の武器とするのである。

第一の絞り込み不足では、誰をメインの相手とイメージして顧客戦略を作ればいいかが不明確だから、当然、訴求ポイントを何にするかも不明確になる。それは、必然的に第一の絞り込み不足が第二の絞り込み不足を誘発するという最悪のケースである。

八方美人は誰にも好かれないというのが二つの絞り込み不足の結果であるが、それは前項にあげた資源の分散投入の一例になっている。どの顧客層への資源投入をするか、どの訴求ポイントのための資源投入をするかという点について不明確なのだから、自然に分散投入になりやすいのである。たとえば、価格を下げるためのコストダウンに開発資源を投入するか、画期的な新製品を開発するための研究資源を投入するか、といった点についての分散投入である。

第一の絞り込みのプラスはもちろんそのターゲットでの顧客獲得なのだが、絞り込んだターゲットは狭いことも多く、それゆえに「そんな狭いターゲットを獲得しても、大きな成果になるのか」という懸念も生まれやすい。さらに、絞り込みのマイナスとして、「ターゲットにしなかった顧客がたくさんいたらどうするのか。彼らを怒らせるのではないか」という懸念も生まれる。

しかし、前項で説明した「絞り込んだ場所以外でも使える財産」の波及効果という基本論理が、顧客ターゲットの絞り込みでももちろん生きている。その顧客層で成功すると、その成功が市場での認知やブランド形成あるいは自社組織の勢いにつながって、結果として他の顧客層の獲得がより容易になるという波及効果が生まれうる。「狭く絞るからこそ、大きく広がれる」という逆説的な真理がそこにはありそうだ。

絞り込まないと技術は拡散する

一つの事業を成立させている技術体系の中で、とくに中心になるものをコア技術と呼ぶ。企業が自分たちのコア技術は何かを思い定めて、そこに技術蓄積の努力を絞り込まないと技術は拡散してしまって、結果としてどんな技術に強い企業か分からなくなってしまう危険がある。

なぜ、技術は拡散する傾向をもってしまうのか。それは、自社の技術蓄積が進化あるいは深化していく過程は学習プロセスの集積なのだが、現場ではその学習のきっかけが多様に生まれてしまうので、ついつい拡散した学習になってしまいがちだからである。

自社の技術蓄積が進化あるいは深化していく学習活動の一つは、研究開発などによって、いわば「実験室」で技術者が実験を重ねることによって、新しい技術を学習していく学習活動である。もう一つは、顧客から新しいニーズなどを教えてもらって、あるいは顧客のクレームなどから学んで、そのニーズに対応できるようにと技術蓄積を拡大していく学習活動である。

前者の実験室で行う研究開発は、いわば自然相手の対話を実験という形で重ねて、新しい技術的知識を獲得していくプロセスで、自然からの学習活動と呼べるだろう。後者の顧客対応を通じての技術獲得は、顧客からの学習活動と呼べるだろう。

二つの学習活動ではいずれも、意図的にコア技術を絞り込むような意識をもっていないと、技術は拡散する傾向をもつ。

自然からの学習活動の場合、実験している人間に自然はときどき面白い世界をちらっと見せることがある。実験していて思いもかけぬ現象に遭遇し、それを追いかけていくと新しい科学の知見や技術ができ上がっていくことは、科学や技術の世界でよく起きる。ノーベル化学賞に輝いた島津製作所の田中耕一さんは、たんぱく質の質量計の開発プロセスで、偶然に薬品の混合を間違えた試料のレーザー分析で見た意外な観測結果から、ノーベル賞につながるレーザーイオン化質量分析技術の基本を発見した。

こうした偶然の現象の面白さにつられて、人間はつい新しいことをやりたがる。それが技術の拡散につながるのである。もちろん、拡散のすべてが悪ではないが、多方面へと無秩序に拡散していくのでは、結果として生まれる技術蓄積は事業活動に関係のないものを多数含んでしまう危険がある。だから、コア技術は何かを絞り込み、それに関連する「偶然」だけを追いかけるようにした方がいい。

顧客からの学習活動の場合は、顧客に「こんなことで困っているんだが」と相談を受ければ、それは新しい顧客ニーズの学習である。その新しいニーズに応えればさらに売上げは上がると誰しも思う。しかし、そのニーズに応えられる技術がこれまでのコア技術の範囲の中にあるとは限らない。むしろ、しばしばその外にある。だから、そのニーズに応えようとすると、顧客からの学習活動の結果として、コア技術以外の技術開発が始まり、結果として技術の拡散となってしまうのである。

こうして拡散していく技術を放置すると、組織全体としてはみんながそれぞれに少しずつ違った技術や市場で、バラバラに学習活動を行うことになり、資源効率も悪いし組織としての一体的活動にもなりにくい。だから、コア技術を絞り込む必要があるのである。

しかし、それでは古い技術にしがみつくことになりはしないかという懸念は当然に生まれる。しかしここでも「絞り込んだ場所以外でも使える財産」という効果はありそうだ。

なぜなら、コア技術を絞り込めば、そこに資源が集中投入されることになり、結果としてその技術は競争相手よりもかなり深い蓄積となる可能性が高くなる。そして、深い蓄積とは深い知識の集積を意味するから、その深い知識のもたらす技術展望能力、技術の解析能力、問題解決能力などはコア技術の周辺で十分に生きるのである。それで、周辺に自社の得意技術が滲み出していくというのが、望ましい技術発展の経路であろう。

絞り込もうとするからこそ、戦略思考が強制される

前項まで、資源投入、顧客ターゲット、コア技術というそれぞれの分野での絞り込みのメリットを考えたが、そこに共通するメリットは、絞り込んだ場所での成功とそこで生まれる財産の他の場所への転用——この二つであった。

ただ、それらのメリットは「絞り込んだ後での事業活動から生まれるメリット」で、いわば結果が事後的にもたらすメリットであった。しかし、焦点を絞り込もうと思い定めて戦略の策定をすると、その思考のプロセス自体に焦点を絞り込むことのメリットがあらわれることがある。それは、緻密な戦略思考が強制されるというメリットで、戦略実行の結果のメリットではないという意味で「事前の効果」である。

その事前メリットは二つありうる。

第一に、焦点を絞り込むことによって、その狭い領域の中で考えれば済むというメリットである。そして、狭い領域の中で考えるからこそ、戦略思考の工夫をいろいろと考えやすい。いいかえれば、いろいろと余分なことを考えずに済むようになり、綿密に戦略思考をすることが可能になる。

たとえば、顧客のターゲットを絞り込むことを出発点に考えてみよう。絞り込まれた顧客を誰と取り合うかは、顧客のイメージが具体的に設定されていれば、すぐに見当がつくだろう。その競争相手に勝つにはどんな差別化をした武器が必要かという考えも進みやすいだろう。

顧客のターゲットを絞り込まない場合と比べてみると、絞り込まないことで多様な顧客を想定しなければならなくなる。多様な顧客への競争相手は、これまた多様に考えざるを得なくなる。そうすると、思考はこんがらがり、迷走が始まる危険がある。その上、差別化した武器を準備するという段階になると、顧客も競争相手も多様なまだから、何を武器にしていいか、分からなくなる。

しかし、それほど多様な武器を準備できるような能力はないのが普通だろうから、適当な武器で済ませる、どこにでも通用しそうな少数の武器を用意するのがやっとという、きわめて非戦略的思考に落ち着いてしまう危険は大きい。

絞り込むことの事前メリットの第二は、狭い領域で戦略を考えざるを得なくなる圧力というメリットである。絞り込んだ上の失敗は許されないという圧力も戦略策定者に加わり、きめ細かにあれこれと戦略のディテールを工夫しなければと思うようになる。それが適切な戦略を考えつく圧力装置になる。

このメリットも絞り込まない場合と比べてみれば、よく分かる。絞り込まなければ、広い領域のどこかで小さな成功くらいは得られるのではというゆるみが出そうである。たとえば、顧客層を広く捉えていれば、どこかの顧客にはヒットするのではないかといった具合である。

なぜ絞り込めないか

こうした絞り込むことによる戦略的メリットを多少なりとも頭で理解しながらも、しかし体が動かないという人や組織は意外と多そうだ。なぜ絞り込めないのだろうか。

三つの原因がありそうだ。二つの心配と一つの誤解である。

第一に、すでに指摘したように、焦点から外れる部分への心配、つまり薄い部分への心配である。第二に、絞り方が不適切かもしれないという心配。第三に、自社の立ち位置の誤解。

第一の薄い部分への心配については、すでに顧客対象として絞り込みの対象から外した場合について、少し述べることにする。その顧客が現在も売上げに貢献してくれているのなら、その人を焦点から外すことに対する顧客からの抵抗を心配するのは、自然であろう。

しかし、企業外部の人（顧客やサプライヤー）で焦点から外れる人の抵抗は、まだ小さな心配だろう。薄い部分へのもっと大きな心配は、その薄い部分を担当している従業員たちの抵抗感への心配だろう。

たとえば、ある層の顧客を焦点外としたときに、その顧客担当の営業や開発の人々。あるいは、ある事業を焦点外としたときに、その事業の担当組織の人々すべて――事業部長から営業、開発、生産の人々まで、多くの人が「薄い部分」と位置づけられたことになってしまう。それで彼らのモチベーションが下がることを心配するのである。

こうした企業内外への配慮は当然でもあるが、その配慮の結果が絞り込みをしないということになると、その害は長く広く続きかねない。あえて絞り込んで、外れる人たちには別立ての配慮をすればいいということも多いはずである。

第二の原因、絞り込み方の不適切さへの心配は、絞り込みのみならずどんな決断をするときにでもありうる心配である。事業チャンスがあちこちにあるように見えて、目がちらつくといってもいい。だから、せっかくのチャンスを切りたくないといって絞り込めない。しかし、絞り込み方が多少不適切でも、絞り込まない方がかえって危険であることも多いのである。

絞り込み方が不適切になりかねないことを心配して決断を先送りしてしまうことがある。それは、甘い戦略へのたしかな道である。そうした先送りの背後には、じつは絞り込み不足の第三の原因である、自社の立ち位置の誤解もありそうだ。先送りしても大丈夫な自社の状況なのかという点についての甘い誤解である。

たとえば、焦点から外す部分が赤字事業のように企業に長期的には大きなマイナスをもたらしかねないものである場合に、短期的に外れた部分がもたらすマイナスに企業体力が耐えられるか、と心配してしまう。そんな余裕がない立ち位置に自社がいることを理解しない、あるいは理解したくないのである。

あるいは、自社は弱者なのに、その立ち位置を十分に理解せず、欲張って強者のごとく戦略をとる。大企業の新市場進出で起きやすい間違いで、自社の既存事業ではすでに広がりのある製品ラインや顧客層があるので、それを最初から目指さなければダメ、と思い込む。自社の立ち位置が「新参者」の弱者であることを忘れて、強者の戦略をとってしまう。本当は小さく入って大きく育てることが正しい戦略なのにである。

一兎を追う者は二兎を得る

こうしたターゲットの絞り込みへの心配や誤解の背後の真因は、しばしば時間的経過とともに戦略の焦点を変えていくというダイナミックな構想をもてないことである。

たとえば、ある時点である絞り込み方をすることに対するマイナスを考えるとき、ついつい、「いつまでも」その絞り方を続けることで生まれるマイナスを考えてしまう。しかし、絞り込みの焦点は、時間の経過とともに変えていってもいい。あるいは、すでに確立した焦点の部分はそのままにして、新しい焦点を付け加えてもいい。そういう時間経過による戦略変更をきちんと考えないから、ある時点での絞り込みへの恐怖が生まれるのである。

じつは、前述した「絞り込んだ場所以外でも使える財産」という論理、その財産を絞り込みによる成功が生み出してくれるという波及効果の論理は、戦略の時間的広がりあるいはダイナミックな構想の典型例である。

資源分散からコア技術までの例でも、絞り込みとメリハリのメリットはほとんどがこの波及効果であった。その効果を分かりやすく表現すると、「一兎を追う者は二兎を得る」ということになる。

たしかに、「二兎を追う者は一兎をも得ず」という古くからのことわざは、その通りである。一兎を追った方がその一兎を得られる確率が高くなる、というのがこのことわざの含意であろうが、しかしさらにその先を私は強調したい。一兎を徹底して追うものは結果として二兎を得ると言いたい。

それは、狭く絞り込むからこそ、小さな成功が生まれ、その小さな成功の先に意味ある連鎖が広がるという論理である。そこで意味ある連鎖をあらためて整理すれば、二つのタイプの連鎖がありうる。

第一のタイプの連鎖は、ある時点で絞り込んだ結果としてその絞り込み先でまず成功し、そしてその次の時点では絞り込み先を単純に変えていく、あるいは増やしていくという連鎖である。各時点では絞り込んでいても、単純に絞り込み先を時間の経過とともに増やしていけば、その軌跡としての企業の事業範囲や顧客範囲は拡大していけるのである。

第二のタイプの連鎖は、その絞り込み先がただ単純に増えていくのではなく、前の絞り込み先での成功が新しい絞り込み先での小さな成功を生む財産になる——たとえば、カネ、ブランド、技術、組織の勢いなどが貢献するという連鎖である。それはじつに効果的な戦略展開になるだろう。前の時点での成功が次の時点での成功の源泉の一つを用意してくれているのである。

いずれのタイプの連鎖でも、つねにどこかの焦点への絞り込みがあるが、しかし軌跡としては絞り込みの対象は広がっていく。一兎を追うからこそ、二兎を得ることになるのである。

絞り込みをすると、ときに血が流れる。誰も血は見たくないから、躊躇をするのは自然でもある。しかし、そこで覚悟をするのが、戦略である。あえて今何かを捨てる方が、いずれ多くを捨てざるを得なくなるよりもはるかにいいと覚悟するのである。そのときの基本的考え方として、一兎を追う者は二兎を得るという原理は十分に意義がある。

目的別の絞り込みでターゲット・ミックスを作る

前項で一兎を追う方がいいと書いたが、より厳密には、一つの目的には一兎をというべきであろう。

意図して複数の目的を明確にもち、一つひとつの目的に対しては絞り込むべきターゲットを絞り込み、しかし戦略全体としては複数の目的をもつのだからターゲットの数は複数になるということがあってもいい。それは、目的ごとに一つのターゲットで、しかし全体としてはターゲット・ミックスをもつという戦略的スタンスである。

このスタンスは、絞り込めないから結果としてターゲットが漫然と広がってしまうという落とし穴、つまり意図せざる全方位作戦とはまったく別物である。

このスタンスの一つの例が、目的別顧客ミックスを意図して作るという顧客戦略である。目的とは、その顧客を顧客ポートフォリオの中になぜ維持したいかという目的である。もちろん、現在の時点での大きな利益という目的はいちばん分かりやすい。しかし、そうした顧客「だけ」をターゲットにするのは、長期戦略としては望ましくない。

たとえば、今は利益的には大きな貢献をするほどの規模の存在ではないが成長性が期待できるので、将来の利益には貢献する可能性が高い顧客も顧客ポートフォリオに入れておきたい。つまり、成長性という目的を意識して、その観点からの絞り込みをした対象として顧客を選ぶのである。もちろん、現在の利益という目的からの対象と将来への成長という目的と、二つを同時に満たしてくれる顧客がいればいちばんいい。しかし、それは別の顧客層になる可能性が高いだろう。

さらに、教師としての顧客という目的もありうる。たとえば、技術的に厳しい顧客で自社の技術陣がその顧客によって鍛えられるような顧客。あるいは、業界の信用の大きい企業で、その企業と自社に取引があること自体が自社の信用の向上に貢献するような顧客。

この三つの目的（現在の利益、将来の成長性、教師）ごとに顧客層を絞っても、企業は三つのタイプの顧客層を同時にもつことになる。そして、三つの顧客層の間の資源投入の濃淡をきちんと考えれば、それは立派なターゲット・ミックスの戦略である。

同じように目的別ミックスの戦略の例としては、事業ポートフォリオ全体の中で事業別役割をきちんとするという戦略がある。たとえば、事業ポートフォリオ理論で、事業を成長性と収益性の二つの軸で分類し、花形、金のなる木、問題児、負け犬といった四分類をすることはよく知られている。成長性も収益性も高い事業が花形、成長性は低いが収益性が高いのが金のなる木、成長性は高いが収益性が低いのが問題児、成長性も収益性も低いのが負け犬である。

意図して負け犬事業をもつという目的は考えにくいが、他の三つの事業は目的別にそれぞれ維持する、あるいはそうした事業に育てるという戦略はあっていい。それは、見方を多少変えれば、目的別に事業ターゲットのミックス（つまりポートフォリオ）をもつということである。

当然、ミックスを作る際には、ミックスの中での優先順位や濃淡を必ずつけるようにする必要がある。その順位や濃淡は状況変化とともに変えてもいいから、つねに濃淡のイメージをもつことが、意図的戦略としては必要である。そうした濃淡のイメージがあるのなら、ターゲット・ミックスの戦略は現実的にも意義が高い。

顧客ミックスにしろ事業ミックスにしろ、設定された目的には入らず、したがって意図してのターゲット・ミックスには入らない。現実的にもっとも多くの企業で問題になるのは、歴史的経緯の中でそこそこ利益をもたらしている顧客や事業が離れ小島のように存在するときであろう。

そんなときは、無理やり「絞り込み」を強制すべきではない。「自主独立」という目的をもたせた別格ターゲットとして、離れ小島的に維持すればいいのである。もちろん、その維持にかかる資源がバカにならない大きさならば、漸減を目指すのが適切であろうが。

この離れ小島論からも分かるだろうが、絞り込みの目的は整理のための整理ではない。戦略思考をシャープにもち、資源の効果的配分をするための絞り込みなのである。絞り込みが足らずメリハリがないというこの章の落とし穴は、戦略思考のシャープさと資源配分の有効性を欠くからこそ、落とし穴なのである。

第６章　事前の仕込みが足りない

勝兵は先ず勝ちて而る後に戦いを求む

「事前の仕込み」とは、戦略の実行が始まるときまでに、現場のレディネス（戦闘準備態勢）をきちんと確保しておくことである。つまり、戦略で意図していることを現場が実行できるように、そしてきちんと戦えるように、態勢の準備をしておくことである。たとえば、新製品開発のための技術の蓄積、新製品販売の場合なら市場への順調な供給ができるような生産体制や流通チャネルの整備などが事前の仕込みのイメージである。

戦略内容の落とし穴として、前章の絞り込み不足と同様にしばしば見られる落とし穴が、事前の仕込みが足りないということである。軍事の書だが、事前の仕込みの大切さを極端にまで強調した言葉が中国の古典『孫子』にある。それは、

「勝兵は先ず勝ちて而《しか》る後に戦いを求め、敗兵は先ず戦いて而る後に勝を求む」（『孫子』形篇）

である。

私なりの現代語訳をすれば、勝つ軍はまず（開戦前に）勝利を得て、それから戦を始める。敗れる軍はまず戦を始めてから、後で勝利を求める。

勝利をまず得てから戦さを始める、という言葉が分かりにくいために、意味を捉えにくいかもしれない。しかしその意味は、勝てる態勢や状況をまず作ってから、実際の戦闘を始めるべしということである。敗軍は勝利への態勢づくりが不十分なまま戦闘を開始して、その戦いの中で勝機をつかもうとする。だがそのチャンスが訪れることはまれで、結局は敗れてしまうというのである。

したがって、孫子のいう、ここでの戦略の本質は、「実際の戦いの前に勝てる態勢

と状況を作っておくこと」ということになる。言葉を変えれば、事前の仕込みこそが戦略の本質ということである。

まず戦を始めてから後で勝利を求めるとは、企業の例でいえばどんなことをイメージすればいいのか。たとえば、市場の魅力につられて、自分の操業体制が不完全なままに、事業に乗り出したり、新製品を発売してしまうこと。あるいは、顧客からの魅力的な注文や依頼に目がくらんで、十分に能力がないのについイエスと言ってしまって引き受けてしまうこと。そうなると、戦略実行の現場では混乱が起きて、不完全な実行に終わる、あるいは予期したほどの成果があがらない結果となるだろう。

かなり前の話だが、牛丼チェーンの吉野家が大きな値下げ戦略を試みたことがあった。そのとき、予想以上の顧客が店に殺到して、値下げは見事成功したかに見えたが、店頭は大混乱した。それではサービスの品質も下がり、客も不満をもつので、吉野家は数日でその値下げ戦略をいったん撤回した。そして、店舗の作りや運営のマニュアル、食材の供給プロセスなどを徹底的に見直して、現場の体制を立て直した上で再び値下げを断行した。今度は、顧客が集まっても店頭は混乱せず、見事に成功した。最初の値下げのときには、店舗での調理やサービスの仕組みの事前の仕込みが足りなかったのである。

吉野家のみならず、仕込み不十分で行動を起こしてしまう企業がじつは多い。たとえば、新製品を思い切って投入するが、顧客の反応の悪さなどから自分たちの仕込みが不十分であったことをはじめて「発見する」、それで愕然とするが、時すでに遅し。あるいは、大型買収の話が持ち込まれて短時間に決断するが、その後は買収先の統合に手間取って苦労する。そんな企業も多い。まさに、「先ず戦いて而る後に勝を求め」てしまうのである。

もちろん、完全な事前の仕込みなどありえないだろう。だが、不完全でもいいからできるだけ事前に考えて、仕込みの骨格をきちんと整え、その部品もかなりの程度用意しておく必要がある。見切り発車が仕方がない場合でも、見切るタイミングが早過ぎてはいけない、ということである。

軍事の場合、事前の仕込みとは、武器の仕込み、作戦の仕込み、現場の将兵の心理(闘争心)の仕込み――この三つであろう。企業の市場での戦いの場合も、同じである。以下この章では、差別化の武器の仕込み、市場での作戦の仕込み、現場の心理の仕込みと、三つに分けて考えてみよう。

差別化の武器の仕込み

前章の絞り込みのところで紹介したように、顧客はニーズを「束」としてもっている。そのどこに自社としての訴求のポイントを絞り、そこでどんな武器を用意して競争相手と差別化するか。それが顧客を獲得する戦略としてのもっとも基本的なポイントである。

その差別化した武器を企業として絞ったとしても（たとえば、製品性能は競争相手と同等でも、補助的サービスで差をつける）、それは自分たちの差別化の「意図」を決めたにすぎない。実際に、顧客が自社製品を買い、使ってくれる現場で、差別化の意図が実現されていなければ、顧客は満足せず、したがってその戦略はうまくいかない。

差別化した武器の事前の仕込みとして、しばしば次の二点が肝要となる。

● 差別化した武器を現実のものとするための仕組みとしてのビジネスシステムの

構築

●その仕組みをきちんと動かせるだけの能力蓄積

吉野家の例でいえば、値下げで価格を訴求ポイントにしようとしたが、その上にサービスの品質を一定程度に維持するために、調理の仕組みのシステム化や店員のマニュアルといったビジネスシステムが必要だった。また、そのビジネスシステムを動かせるような能力（たとえば食材の供給能力）を、店舗側も本社側も蓄積している必要があった。

ビジネスシステムの構築も能力蓄積も、顧客には見えない裏方の部分である。だから、序章で説明した「戦略の具体的内容」のありたい姿の三つの要素のうちの製品・市場展開戦略は誰でも考えるのだが、それを支える裏方の部分となるビジネスシステム構築戦略や経営資源蓄積戦略には、ついつい注意が行き届かないことがある。それで、意図した差別化の武器の仕込みが現実には用意できないことになるのである。

ここでいう「注意が十分には行き届かない」には、二つのケースがありそうだ。第一のケースは、そうした裏方仕事が企業内でじつは軽視されるというケース。もう一つは、ビジネスシステムの構築も能力蓄積も、何らかの製品で市場競争している企業は当然に何がしかの仕組みや蓄積をもっているので、その転用や重複利用で新しい局面での差別化の武器も実現できると安易に考えてしまうケース。

第一の軽視のケースよりも第二の安易に考えてしまうケースの方が深刻かもしれない。大事であることは一応は理解しているが、その理解の徹底度が低いのであろう。しかし、自分たちとしてはビジネスシステムの構築や能力蓄積を考えているつもりなのだから、なかなか仕込み不足の自覚が深まりにくい。

逆に、ビジネスシステムの構築や能力蓄積に大きな努力を払う企業は、顧客との接点での差別化の実現に成功する確率が高くなり、結果として長期的に成功を続けることが可能になる。なぜなら、もちろん差別化の武器として自分が思い定めたものが、実際に顧客にとって重要な訴求ポイントと合致したということが重要であるが、その上に競争相手がしばしば必要な事前の仕込みを十分にしないことが多いからである。

だから、裏方仕事の事前の仕込みの差で、勝者は勝ち続けられる。

たとえば、ユニクロがファストファッションの世界で長期間にわたって快進撃を続けている背後には、衣料素材の供給での東レとの提携や縫製メーカーの世界的確保、そして作ったものを売り切る店舗政策などなど、ビジネスシステムの構築に注いだ巨大な努力がある。店舗でユニクロの商品を買っている顧客には見えない奥で、巨大なエネルギーが注がれている。

あるいは宅急便で大成功したヤマト運輸は、「サービスが先、利益は後」という小倉昌男社長の理念のもとに、まずサービス体制の確立に力を注いで全国ネットの集配網を作り上げた。たとえば、営業所の数をまず警察署の数と同じ二〇〇〇カ所ほどにすれば、サービスの密度はある程度確保できて顧客の利便性が増すといった具合である。その上で、コンピュータ化された荷物の処理と管理システムも作り上げた。すべて、顧客には見えないところでのビジネスシステムの構築や能力蓄積の努力である。

こうした成功例の背後には、じつは、ユニクロやヤマトに敗れた競争相手が事前の仕込みを十分にはしなかったという事実もあったのだと思われる。彼ら「敗軍」は、「先ず戦いて而る後に勝を求めた」というべきであろう。

市場での作戦の仕込み

作戦の仕込みとは、顧客の反応、競争相手の反撃などをさまざまに想定して、多様な作戦プランを事前に考えておくという事前の仕込みのことである。その仕込みを十分にしないという落とし穴がある。

典型例が、市場の展開、競争のあり方に応じた、二の矢、三の矢の仕込みである。たとえば、新製品発売の後に顧客の需要が一段落したタイミングを計って、さらなる需要刺激のための二の矢として、モデルチェンジや追加広告をあらかじめ準備するという例である。

あるいは、市場需要が盛り上がる頃を狙っての大型設備投資の発表。さらなる投資で供給過多になって市場が混乱することを競争相手が恐れて、投資を控えることを狙うのである。第3章で紹介した日韓半導体（DRAM）逆転劇の際に、サムスン電子が一九九〇年前後に行った不況期の継続的大型設備投資は、日本の半導体メーカーをたしかにひるませたようだ。

この場合のサムスンは、さらに作戦を仕込んでいたと思われる。それは、日本の半導体メーカーが一斉にＤＲＡＭから逃げ出すように、逃げ出し先を用意していた様子があるのである。日本の半導体メーカーの大半は、ＤＲＡＭを捨て、システムＬＳＩというメモリーやプロセッサーを一つのチップに埋め込んだ、より高級なＬＳＩに活路を求めた。その分野に、サムスンはあまり投資をしていなかった。

サムスンは、そこに逃げ口を作れば、日本企業はＤＲＡＭでの必死の残留作戦をとらないだろうと読んでいたのではないか。その作戦の仕込みにまんまとはまってその逃げ口に日本企業は殺到し、ＤＲＡＭはサムスンの一人天下に近くなってしまった。

競争の状況や顧客の事情に応じて、事前に仕込んでおいた方がいい作戦は状況ごとに多様となるだろう。その網羅的分析はもちろんこの短い章ではできないが、じつに多様な作戦が、可能性としてありうること自体が、そうした作戦の仕込みが不足になる理由なのだろう。

あまりに多様すぎて、どの作戦を事前に考えるべきかも見当がつきにくい。そのため、人間の思考能力を超えてしまい、仕込みをあきらめるということになりそうだ。そして、事前の仕込みの一環として資源の用意をするとなると、可能性があまりに多ければ資源準備が膨大になってしまい、これまた不可能になる。

たしかに、思考能力と資源の限界という理由で事前の作戦の仕込みができないということは十分考えられるのだが、しかしそうした限界以前に、戦略を考える側の責任で避けられる理由で作戦の仕込みが不足することもある。

その一つの理由が、前章で述べた絞り込み不足である。顧客のターゲットの絞り込みが十分でないと、誰をめがけて作戦の仕込みをすればいいのか、必要以上に多様になる。競争相手もじつに多様に考えざるを得なくなるであろう。だから、思考能力の限界にあまりに早く到達してしまう。

もう一つの理由は、戦略を策定する人間に現場想像力が十分でないことである。現場で顧客、あるいは競争相手がどう動くか、それを想像できなければ、その動きに対応できる作戦を考えつけるはずもない。

こうした事前の作戦の仕込み不足が極限に達しそうな状況の一つが、日本企業による海外企業の買収という戦略であろう。まず第一に、買収の話が持ち込まれてからデューデリジェンス（資産の適正評価）を行い、買収の契約締結に至るまでの時間が短いことが大半である。だから、事前の作戦の仕込みにかけられる時間が足りない。

その上、買収相手の企業の顧客や競争状況についても情報があまり十分でないことが多く、典型的な絞り込み不足になりがちである。さらに、日本企業側の買収担当者あるいは買収後の経営統合責任者に現場想像力がないことが大半だろう。なにせ、海外市場での自分のよく知らない企業の買収なのだから、現場を想像せよと言っても無理が多い。

したがって、こうした企業買収の多くは「先ず戦いて而る後に勝を求む」典型例になりやすい。だから、そもそも初期にうまい統合効果が出ることが少ないという性格のものだと覚悟すべきであろう。そして、長期的将来を考えて買収を決断するのはいいが、短期的には作戦がきわめてむつかしいことを了解した上での決断をすべきなのである。そんな状況で投資銀行やコンサルタントの仲人口を信用しすぎて甘い誘いに乗るのは、禁物である。

現場の心理の仕込み

戦略の実行は、必ず現場で行われる。いかに戦略のプランが見事にできても、現場で実際に仕事をするのは、現場のリーダーや従業員たちである。彼らがきちんと戦略の意図のように動いてくれなければ、現場での勝利はありえない。

そうした重要性をもつ現場の行動を左右するのは、たしかにビジネスシステムの仕込みや能力蓄積の仕込みでもあるが、現場の心理の影響も大きい。現場が懸命に頑張ろうという気になるという心理の仕込みも重要なのである。

その事前の仕込みには、戦略の意義やその市場での勝利の意義をトップが熱く語るということもあるだろう。さらには、さまざまな戦術的行動を現場での動きに組み込むことによって、心理の仕込みになるようにするというタイプの工夫もある。

たとえば、現場を元気づけるような心理の仕込みがある。戦略の実行プロセスの早い段階で、現場が小さな成功を味わえるように工夫することである。大手の顧客の注文の獲得、注目される地域でのシェアの上昇などを、あえて工夫することによって、それに関連する現場は勝利の美酒に酔える。さらにそれが組織内に伝われば、他の部署でも元気が出るだろう。

あるいは、戦略の目指すべき方向を象徴するような行動を組織の多くのメンバーを巻き込んで行う、という集団的行動という手もある。第2章でアサヒビールによるキリンビールとの大逆転の事例を紹介したが、アサヒビールは新しいビールに賭けたとき、営業だけでなく本社スタッフなども参加した全国横断の試飲キャンペーンを大々的に行った。組織としての一体感を作り出すための、心理の仕込みの一例である。

さらには、現場をあえて追い込むという心理の仕込みを狙った作戦が有効な場合もあるだろう。その典型例が、背水の陣である。もう後ろがないという状況であえて相手と正面から戦うような作戦である。もう後がないと分かって現場が懸命に頑張ることを狙っているのである。もちろん、トップが自らも前線に立つとか、進退を賭けるとか、自分自身も背水の陣であることを明確にしなければ、「自分たちだけを犠牲にするつもりか」と現場が疑ってしまい、頑張るどころではなくなるだろう。

現場の心理への仕込みには、じつに多様な手段が可能である。現場のやる気という と、ついモチベーションアップのための人事評価というような組織的仕掛けを想像しがちだが、戦略の中にそうした心理への仕込みを目的とした作戦を組み込むということも重要である。

しかし、戦略の世界では意外とこうした心理的影響、心理的仕込みは軽視されやすい。そして、現場の心理は現場が考えること、人事評価などで対応すべきことと片づけてしまうきらいがある。だから戦略での心理の仕込み不足という落とし穴にはまる。

だが、それは間違いである。戦略を事業の経済力学の世界だと思い込んでいる人が多いために、そうなってしまうのであろう。

もちろん、戦略の目的は事業の経済的成果をあげることだから、事業の経済力学を考えることは大切である。それは、顧客の需要の論理や競争の論理をきちんと考えて、事業の現場でどんな経済的動きが出るかを考えることである。

しかし、戦略を実行するのが生身の人間であることを考えると、事業の経済的力学だけでなく、現場の人々の心理学も等しく重要だと考えるべきなのである。私は『孫子に経営を読む』（日本経済新聞出版社　二〇一四年）という本を書き、この章でも孫子の言葉を冒頭に紹介した。孫子のすごさは、戦場の物理的力学と将兵の心理学を両にらみで考え抜いていることだと私は考えているが、それは企業の戦略についてもいえることである。

事業の経済力学と現場の心理学の両にらみの大切さ。それゆえに、心理の仕込みの大切さを私は強調したいのである。

なぜ仕込み不足になるのか

武器の仕込み、作戦の仕込み、心理の仕込みと三つのタイプの事前の仕込みについて解説してきたが、その重要性を強調するということは、ひるがえって考えると、なぜそうした仕込みが不足するのかを考えることでもあった。

前三項ではそれぞれの仕込みのタイプ別に仕込みが不足する代表的理由を考えたが、あえて少し抽象化して仕込み不足の理由を整理すると、いずれのタイプの仕込み不足にも次の三つの理由がありそうだ。

1. 仕込みは、地味なわりに資源やエネルギーを食うこと
2. 事業チャンスを前にしての焦り

3. 己を知ることのむつかしさ

第一の理由は、差別化の武器の仕込みの項で代表的理由として出てきたが、市場での作戦の仕込みにも現場の心理の仕込みにもあるだろう。

地味なことは、誰でもつい避けたくなり、軽視する。その上、仕込みには時間がかかり、大きな努力と資源投入も必要になるため、ついつい「まあこの程度でいいか」と思いがちになる。しかも、仕込みの程度について、客観的な測定などできないから主観的な総合判断にならざるを得ない。だから、ついつい判断が甘くなる危険が生まれる。その結果、仕込みは現実には不十分になる。兵站《へいたん》を軽視して戦に敗れる軍隊と同じである。

第二の理由は、企業買収のときに最高潮に達しそうな理由である。チャンスを目の前にして「早く対応しなければ」と焦るのは人間の常であろう。だから、面倒な仕込みが不足していても、チャンスの大きさを理由に見切り発車を自己弁護するのである。

第三の理由は、仕込みがどの程度できているかについて、自分たちの達成度の判断のむつかしさである。誰しも己を過大評価しがちだから、仕込みができたと思い違いするケースが多いのである。

このむつかしさは逆に考えれば、必要な仕込みはどこまでやるべきなのかという判断のむつかしさである。この判断のためには、競争相手の仕込み状況についての情報が必要だし、顧客が要求する仕込みの程度についての情報も必要だろう。いずれも、簡単に手に入るとは思いがたい情報である。

さらに、今の自分たちにどの程度の能力があるのかという判断も仕込み不足には関係する。その能力次第では多少の仕込み不足でも現場対応可能ということがあるからである。

その能力の判断がむつかしいのは、単純な人員数、資金量、生産設備、基本の技術などだけが必要な能力のすべてではなく、もっと見えにくい、可視化しにくい要因が能力として要求されるからである。たとえばアパレル企業にとってのファッション感覚、化粧品メーカーにとっての「女性に夢を売る能力」、工作機械メーカーにとっての工作システム全体のコンサルティング能力などである。この能力を正確に見定めるのは、容易ならざる話であることも多いだろう。

結局、この第三の理由（己を知ることのむつかしさ）が、事前の仕込みが足りないという落とし穴にはまる、もっとも基本的な理由なのであろう。

孫子の有名な言葉に、「敵を知り己を知らば百戦殆うからず」というものがある。その上で孫子はさらに、「天を知り地を知れば百戦全うすべし」という。天と地とは、企業の場合には社会情勢であり、顧客の動きであろう。そういった敵と己、天と地について「知る」ことのむつかしさは、結局は、敵、天、地との関係での己の相対的位置を知ることのむつかしさなのである。

となれば、それに対応するために思考能力に限界のあるわれわれがもっとも心がけるべきは、とにかく謙虚に誠実に事実を見ようと努力すること、己を過大評価しないように気をつけることであろう。それが仕込み不足への最大の対応のように思える。

こわいのは、二次災害とエセ事前仕込み

どんな理由で仕込み不足になるにせよ、仕込み不足がもたらす災いには、一次災害と二次災害がある。その中でとくにこわいのは二次災害である。

一次災害とは、事前の仕込みが足りないために現場が困る、混乱が起きることによって、意図した戦略の実行がはかばかしく行かないことによるマイナスである。たとえば、思うように売上げが伸びない、利益があがらないということである。

二次災害とは、そうした一次災害のマイナスを取り返そうとして無理をしがちになる、その無理がもたらすマイナスである。二次災害には三つのタイプがあるだろう。

第一に、一次災害に対する応急措置をせざるを得なくなるために発生する、資源の追加投入。あらかじめ仕込んでおけばはるかに小さな投入で済んだはずの、資源のムダである。

第二に、仕込みが足りなかったことを事後的に自覚して、それを取り返そうとまた仕込みが足りないまま第二作戦に出ることによるマイナス。いわば、二回目の仕込み不足という二次災害である。

第三に、仕込み不足ゆえに追い込まれて、その焦りで間違った手を打ってしまい、かえって墓穴を掘るという二次災害である。追加的第二作戦でなく、焦って間違いを犯してしまい下手を打つのである。これがいちばん恐ろしい。

この三つの二次災害は、応急措置、二回目の仕込み不足の作戦、焦りの下手——とどんどんマイナスが大きくなっていく。二次災害を防ぐには、仕込み不足が判明した段階で、素直にその原因を反省し、よほどのことがない限り挽回のための無理をしないようにすることが肝要だろう。

しかし、こうして事前の仕込みの重要性を強調すると、筋違いの事前準備が増える危険もありそうだ。事前の仕込みにまでつながらない、その数歩手前で終わってしまう準備作業、いわばエセ事前仕込みがある。それに励む、あるいはそれで済ますという危険である。

その「エセ」事前仕込みには、二つの典型がある。一つは事前の調査や分析、もう一つは形の整った（しかし空疎な）経営計画を作ること。

たしかに、事前の調査や分析は事前の仕込みのための必要条件ではあるだろう。しかし、事前の仕込みの鍵はその調査や分析の結果にもとづいて、差別化の武器、市場での作戦、現場の心理などを仕込む行動や仕掛けをきちんと用意することである。しかし、「行動や仕掛けの具体的プラン」にまで至らずに、調査や分析だけで満足する人がいる。準備作業に時間をかけたから事前の仕込みをしたのだという錯覚が生まれかねないのがおそろしい。

第二のエセ事前仕込みである「形の整った経営計画」の場合、事情はもう少し複雑かもしれない。事前の仕込みがじつは足りないという自覚が無意識にせよあるからこそ、それを補うために表面的な形を整えたがるということがありそうだからである。

形を整えることに気を取られると、定型的な分析をきちんとしたか、最後の計画で行動案まで書いてあるかなどと、外形的なことのチェックが多くなる。本当は、行動案の内容が環境条件に照らしてきちんと機能する戦略の論理を守っているかのチェックが大切なのに、外形的なチェックだけが多くなる。

前章で、選択と集中というはやり言葉の意味を少し変えて、じつは絞り込みをしていないのに「わが社は選択と集中を実践しています」と外部発表をする企業の例を紹介したが、それが「選択と集中という形」を整えた経営計画の一つの例であろう。

そうした外形を整える経営計画ほど、分析データも豊富に付属し、美しい言葉で彩られ、派手に見える部分も用意してあるのだが、しかし現場の心に響く内容はなく、空疎な文書だけができ上がる。

いずれのエセ事前仕込みの場合も、現場のレディネス（戦闘準備態勢）を整えるというにはまだ遠い準備作業である。しかも、そんなエセの状態にある企業ほど、事前の仕込み不足が引き起こす二次災害も大きくなりそうだ。「表面を取り繕う」という姿勢が強いからである。

事前の仕込みが想定外への対応を助ける

事前の仕込みを強調することのメリットには、一次災害や二次災害を防ぐという防御的なものばかりでなく、もっと積極的なものもある。それが、この項のタイトルにした、想定外への対応を助けるというメリットである。

現場はつねに動いている。環境も変わる。だから、戦略策定時には想定していなかったことが戦略実行の段階で起きるのが当たり前である。そのときにどう動けるか。そこで、事前の仕込みが意味をもつ。

事前の仕込みをきちんと考えようとすると、戦略の基本ストーリーを忠実になぞらなければならなくなる。顧客は誰か、競争相手は誰か、彼らとの差別化の武器を何にできるか。そこまで考えてはじめて、ビジネスシステムの構築と能力蓄積の細部を考えられることになる。あるいは、作戦をあれこれと事前に考えておく、現場の心理を深く事前に想像しておく。

そうした事前の仕込みのための事前思考が、想定外の事態が起きたときの対応の助けになるのである。たとえば、敵が自分たちの想定を超えた戦略をとってきたとき、なんとか反撃しなければならない。しかし、想定を超えているのだから、勝てる準備が整ってはいないことが多い。どうしたらいいのか。

たしかに対応には困るだろう。しかし、事前に仕込みをしてあると、あるいは事前の仕込みのために事前思考を重ねていると、何も考えずにいきなりそうした事態に遭遇した場合よりは緊急時の対応はより的確になるだろう。たとえば、事前思考の中でどこに自分の弱点があるかを知っていれば、敵への対応はその弱点を避けながらということになるだろう。弱点をあまり意識せずにただ反撃するよりはよほどいい。

つまり、事前の仕込みのために事前に論理的に考えた量が大きくかつ質が高ければ、いざ現場で事前の予想と違う状況になっても、適切な対応をとれる可能性が高まるのである。何が事前の予想と違ったかがすぐに理解できるだろうし、また事前の計画の論理が分かっていれば新しい状況への対応の論理も作りやすくなるからである。だから、事前の想定どおりにことが進まなくても、結果として勝てる確率は高くなる。

『孫子』に、「算多きは勝ち、算少なきは勝たず」（計篇）という言葉がある。算とは、事前の論理的思考のことである。戦場に臨む前にどれだけ思考を深めておけるか、そこに勝敗を分ける鍵があると孫子は端的に指摘する。

私は、経営でもまったく同じだと思う。経営は論理であり、そして、事前の計算やはかりごとの深さが結局は経営の実績を左右する。想定外の環境変化ゆえの短期的な転変はありうるものの、その想定外への対応も適切になりやすく、長期的にはやはり「算多きは勝つ」のである。

事前の仕込みをきちんと考えるとは、事前の算を尽くすということである。

第7章 段階を追った、流れの設計がない

段階を追った流れの設計とは

絞り込み不足と仕込み不足という前二章で扱った戦略内容の落とし穴は、「当然にやるべきことをやっていない」という見落としに近い落とし穴であった。しかし、この章と次章で扱う二つの落とし穴は、「こうした方がいいのに」というタイプの落とし穴である。だから、以下の二つの落とし穴にはまっても、すぐに業績悪化のような悪影響が目に見えて表れるわけではない。しかし、長期的にはボディーブローのように効いてくる。だから、より上級で、しかしより厄介な落とし穴といえるだろう。

この章で扱う「段階を追った流れの設計」とは、戦略が時間経過とともに展開されていくときに、どの段階ではどんな活動を行い、その活動が何を生み出すかを想定して、その生み出したものをさらに次の段階でどう使っていくか——という活動展開の流れの設計のことである。

前章で扱った事前の仕込みは、戦略が明日から動き出すための今日までの準備であり、戦略という活動の設計図を機能させるための基礎準備である。それに対して、この章で扱う流れの設計は、戦略という設計図の中でダイナミックな、段階を追った動きがどう計画されているかということで、設計図そのもののダイナミックな構成のことである。いってみれば、長期の旅行のプラン全体（どこへ行って、何をして、次にどこへ行くか）である。事前の仕込みはその旅行の準備にあたると考えればいい。

事業活動を行っていると、すべてが時の流れや自分の行動の結果として変化するのが常であろう。顧客も競争相手も、自社の能力もビジネスシステムも、自社の戦略展開の結果として、あるいは社会的な動きの結果として、時間とともに変化していく。その変化の流れを読んで対応を考えること、ときにはその変化を自ら作り出せないかと考えることは重要である。

たとえば、新製品で新市場に参入しようと考えている企業にとっては、市場の中に橋頭堡を作る段階、浸透・定着させる段階、さらに対象セグメントや製品ラインを拡大する段階をあらかじめ思い描き、それぞれの段階を断絶なくつなげる戦略の流れの設計が、重要となるだろう。

自分が参入して橋頭堡を作ることに成功すれば、それは競争相手にもその需要が存在することを知らしめることになり、当然に彼らの反撃が予想される。それにどう対抗するのかの手段を、今から考えておく必要がある。また、市場に浸透し始めれば、そこでの顧客の動向を自社が生の情報として知ることができ、それがさらにその先の市場拡大戦略の重要なヒントとなる。

あるいは、自社が行っているさまざまな事業の中で、どれを基幹事業として位置づけて大きな資源投入を行い、さらにその事業から生まれる技術蓄積や市場情報を他の事業の展開にどう生かしていくかという流れの設計もあるだろう。

たとえば第5章で紹介した、成熟産業と見なされていた繊維産業をあえて自社の基幹事業として位置づけた東レの場合、合成繊維で培った生産技術や化学技術を他の事業で生かすことを意図的に行った。そして、他事業への展開での大きな踏み石（あるいは段階）となったのが、生産設備などの設計・生産のためのエンジニアリング技術を自社内に蓄積するという活動であった。合成繊維の生産機械のエンジニアリング技術をまず蓄積し、それを後にフィルム事業などの生産設備に生かしたのである。

そのために、東レはかなりの規模のエンジニアリング部門を自前でもった。多くの技術は生産設備に具体化されてこそ機能するから、そこを自前で開発・改良できるようにして、蓄積した技術を他事業で使いやすいようにしたのである。

こうした段階を追った活動の流れの設計は、大きな企業成長の背後に必ずあるものだ。しかし、戦略分析の議論の多くがいまだに静的（スタティック）すぎるようだ。現在という一つの時点での戦略変数の相互の関係（つまり一時点での静的な関係）の分析が中心なのである。だから、流れの設計にまで多くの人の常識的な視野が広がりにくい。

しかし、戦略は、企業という動いていくもの、自ら変化していくものの活動の設計図である。そこでは、段階を追った流れの設計は不可欠なのである。

変革のシナリオの肝も、流れの設計

序章で、戦略の内容を大別して、「事業のありたい姿」を描く部分とその姿へと現状の姿から到達するために必要な「変革のシナリオ」を描く部分と、その二つの部分からなると書いた。その変革のシナリオの肝も、変革の「流れの設計」である。当然であろう。現状からありたい姿へと変わっていくプロセスのシナリオは、一種の旅行日程で、当然に流れがあり、途中にマイルストーンとも呼ぶべき中間点がいくつもある。それはまさに、変革という旅の流れの設計図なのである。

変革のシナリオの典型的内容を私はやはり序章で、製品・市場展開戦略、ビジネスシステム構築戦略、経営資源（能力）蓄積戦略と書いた。そこで使われている言葉は、展開、構築、蓄積と、すべて段階を追って進む流れを示す言葉ばかりである。

しかも、三つの戦略それぞれの展開、構築、蓄積が大切なだけでなく、三つの戦略の相互関係もまた、段階を追った流れの設計の一部であろう。たとえば、ある製品市場の展開戦略をとると、それに必要なビジネスシステムの構築がなされなければならないし、そのビジネスシステムの構築が進むと能力が自社内に蓄積されてきて、それが次の製品・市場展開戦略を可能にするといった具合である。

ホンハイ（鴻海精密工業）という世界最大のＥＭＳ（電子機器受託生産業者）が台湾にある。同社はアップルのｉＰｈｏｎｅの生産を一手に引き受けている。この企業の現在の姿までの変革のシナリオは、じつに綿密な段階を追った流れの設計の成功例といっていい。

ホンハイはプラスチック部品の射出成形企業として創業された。その頃から、成形用の金型の内製に乗り出した。その後、コンピュータ用コネクターの生産を始め、金属メッキ設備も投入した。そこから、コンピュータ用のマザーボードの生産、筐体の受託生産に乗り出したが、そこでは金型の内製やメッキの技術が大いに生きた。金型や重要部品を内製しているおかげで、受託後の納入までのスピードが格段に速くでき、かつコストも安くできたのである。

こうした段階を経た後に、ホンハイはコンピュータそのものや携帯電話という最終製品の受託生産へと手を延ばし、積極的に多くの最終製品メーカーからの注文を取った。その大量受注のおかげで、各種部品類の大量購入がホンハイとして可能になり、それもホンハイのコスト競争力を強くした。

さらに、あちこちのメーカーからの受託生産を受けることによって、じつはホンハイにはそうした機器の設計図が大量に集まり始める。それがホンハイにとっては設計図という情報蓄積となり、次第に自社で設計できる能力を身につけるようになる。

さらに設計図情報のデジタルデータベースづくり、大量の金型生産設備の投資などでますます競争力をつけていく。金型内製のための大量の工作機械の購入が経済的にペイしたのは、ホンハイの巨大な受注量による規模の経済であった。それがさらに受注を呼び、ホンハイはもはや顧客が与える設計図による受注生産だけでなく、製品企画をもらえれば機器設計、部品設計をも自分で行えるオリジナルデザインメーカーへと進化していった。

この事例の中に、初期の金型内製や金属メッキ技術の蓄積、部品から機器そのものの受託生産の進化、設計情報の蓄積など、段階を追った流れの設計が多数含まれているのは、もうお分かりだろう。ホンハイを部品メーカーから世界一のＥＭＳへと成長させたのは、そうした変革のシナリオであり、段階を追った流れの設計のある戦略であった。

誘発と加速を狙う

変革のシナリオだけではない。そもそも経営戦略とは、ダイナミックな事業活動のステップと段階の踏み方、その順序の設計が肝なのである。それが、段階を追った流れの設計ということだが、その設計がうまく行くということは、より具体的にはどうなることであろうか。つねに話がうまく行くとは限らないが、理想的にはこうあってほしい、という姿を描いてみよう。

それを一言で表現すれば、「戦略のある部分が何かを誘発し、その誘発が別の誘発を生み、結果として流れが加速する」ということになる。

たとえば、ターゲット顧客を集中的に攻めて顧客自身が驚くような新製品を提供すると、それが爆発的にヒットする。戦略が顧客のニーズを誘発したｉＰｈｏｎｅの登場をイメージすればいい。そのヒットを見て、他のメーカーもスマホに参入する。今度は、競争相手の動きが誘発されている。しかし、みんなが参入することでスマホ市場全体が刺激され、市場需要の拡大が加速されていく。

その市場めがけて、スマホのアプリの供給が始まる。アプリ市場が誘発されるのである。その結果、スマホがますます便利になっていって、スマホの普及がさらに加速する。その上、スマホを買った人はスマホのアクセサリーが欲しくなる。スマホのすぐれたデザイン性がアクセサリー需要を誘発したといってもいいだろう。

誘発されるのは、需要だけでない。アップルがデザインにとことんこだわった製品開発をしたことから、そのデザインをモノとして実現するための金属加工技術、あるいは電子部品の高密度実装技術の蓄積が誘発される。あるいは、大量データの記憶媒体としてフラッシュメモリー技術の蓄積も誘発される。そうして蓄積されたさまざまな技術をもとに、スマホそのものの製品開発がさらに加速していく。

こうして加速するのは、蓄積のスピードであり、市場拡大や進化のスピードである。その加速で、競争相手を振り落としたり、自分の組織に勢いをつける。その流れの波に乗って、意外なほど遠くまで行ける。

逆に流れに乗れずにいると、悪循環が始まる。現在の戦略があまり誘発や加速に貢献せず、技術蓄積や市場での信認も伸び悩み、はては財産の食いつぶしが始まる。そうすると、ますます将来の戦略の展開ベースも狭くなっていく。長期にわたって業績の低迷している企業では、こんな悪循環にはまり込んでいるケースが多い。

望ましい誘発・加速のメカニズムが起きるためには、少なくとも二つの設計上の工夫が必要だろう。
1. 最初のキックオフの成功にまず努力を集中する
2. その後で、キックオフの成果を利用して誘発・加速が起きるよう手配りする
これは二段ロケットのようなもので、第一段の成功がなければ、そもそもロケットは飛ばない。しかし、第二段階の手配りがなければ、ロケットは遠くへは届かない。起動されたキックオフの成果が放置され、せっかくの誘発・加速のポテンシャルが生かされないことになるからである。

アップルのｉＰｈｏｎｅの場合、アップルがＭａｃ以来培ってきた製品開発技術、

とくに超小型コンピュータのソフトとハードの一体開発技術とデザイン重視の製品設計技術が、巨大な規模で初代ｉＰｈｏｎｅの開発に投入された。キックオフを成功させる努力の集中があった。

そして、ｉＰｈｏｎｅへのアプリのダウンロードで使い勝手をよくしたり、さらにアプリ市場を誘発するためには、アップルが音楽ソフトを中心に作り上げていたデジタルソフトのインターネットストアである iTunes Store を広く公開して、App Store という形で用意できたことが重要であった。それが、二段ロケットの大きな誘発と加速の手配りとなった。

必要な段階を、飛ばしてしまう

前項で描いたのは、理想的な流れの設計の例である。そんなうまいことにはならず、また流れの設計という意識を強くもたないために、はまってしまう典型的な落し穴が三つある。それは、「飛ばす」「けちる」「避ける」である。

「飛ばす」とは、必要な段階をすっ飛ばしてしまうこと。だから、つまずく。

「けちる」とは、必要な段階を踏むことは踏むのだが、重要な段階で十分な資源や努力の投入をしないで、けちること。だから、流れが滞ったり、歪んだりする。

「避ける」とは、堅実な流れのルートを避けて、安易に見えるルートをとってしまうこと。だから、結果として目的地に着けない、あるいは着くのが大幅に遅れる。

飛ばすという落とし穴のいい例は、導入技術で性急に新製品を開発して市場投入を急ぐことである。自社での技術蓄積、あるいは導入技術でもそれを自社組織内で吸収してきちんとこなす時間を作るという段階を飛ばしている。

あるいは、落下傘のように既存事業から距離の遠い新事業に進出すること。しばしば、その新事業分野での事業活動に必要な技術や市場知識を獲得するという段階が飛ばされてしまう。

もちろん、新事業分野に強い外部人材を採用するという手段がとられることも多いだろうが、その人材が組織内できちんと動けるようになるまでには、組織内の人的ネットワークの形成などにじつは時間が必要である。その時間を飛ばして外部人材に新事業を任せても、本体からの人的資金的なサポートが十分に得られず、失敗する可能性が高い。これも、「社内のこなし」という段階を飛ばしてしまっている例である。なぜ、必要な段階なのに飛ばしてしまうのか。その理由は、その段階がどの程度必要なのかについての、知識不足あるいは軽視であろう。

現場担当者としてはその段階が必要だと分かっていても、その流れを設計するトップあるいは戦略策定者の側にその必要性が理解されていないと、知らないうちに飛ばされるということもありそうだ。それも、知識不足あるいは軽視の一例である。しかも、それで失敗すると現場担当者が人事上で「飛ばされる」という駄洒落のような落ちになりそうだ。

単純な知識不足の方が、まだましな理由かもしれない。この場合は、知識を十分に手に入れれば同じことは繰り返さない可能性もある。しかし軽視して飛ばす場合の方がこわい。戦略の流れの別な段階で、また同じような軽視をしそうである。本人としてはその段階の必要性は知ってるつもりなのだから、以前の段階での失敗は現場の努力不足や不運のせいと片づけてしまう危険があるのである。

飛ばされがちなのは、一見それほど大切には見えない、「つなぎ」の段階かもしれない。たとえば、既存事業からちょっと染み出した、新事業側に近寄った派生事業というつなぎである。しかしつなぎのステップは、全体の流れがきちんと流れるようにするためには、大切であることも多い。それは、野球の投手リレーで最近はセットアッパーという先発と締めの間のつなぎの段階が重要視されているのと同じである。

重要な段階で、けちる

必要な段階を飛ばしてしまうわけではないが、重要な段階で資源と時間の投入をけちるというのが、第二の落とし穴である。ここぞというときの資源投入という流れの設計をしていないのである。

具体例をあげれば、新製品のテストマーケティングを簡単に済ませてしまう。それで、得られる顧客のニーズの真実についての情報の質と量が下がり、結果として本格的市場投入がうまく行かなくなる。

あるいは、新製品のための社内生産技術の開発投資をけちり、外部調達に頼って安くあげようとする。それでは、せっかく開発陣が努力していい製品を作っても、生産段階で不良発生、コスト高などという滞りが生まれ、結果として事業的にはうまく行かなくなる。

いずれも、顧客情報の入手、生産技術の確保という重要な段階でけちっている例である。ただ、けちってはいても、飛ばしてはいない。そこが、案外やっかいなところである。

たとえば、けちる作業を担当させられている現場では、こんなところでけちるとそれが後に大きなマイナスになって返ってくるという恐れを感じている人も多いだろう。しかし、上の方がけちってしまう。それで、そのけちりの影響でマイナスが出始めたときに、すぐにそのけちりが原因だと組織内では認めにくいのが、やっかいさの原因である。

マイナスの事態（たとえば、新市場開拓が思うように進まない）の原因究明をしようとしても、なかなか本当の原因であるけちりにたどり着かず、他の原因を探索することに時間をとられ、真の対策の実施が遅れるのである。第2章で書いた、不都合な真実を見ないという現象が起きてしまう例になりやすいのである。

けちりゆえのマイナス（たとえば生産不良）などが早い段階で出てくる場合は、まだいい。しかし、相当に戦略の流れが進んでからはじめてマイナス影響が顕在化するような場合には、取り戻さなければならない時間と資源の浪費は大きい。後々の事後対策の処理費用は高くつくのである。

さらに、マイナス影響が具体的に誰にでも見える形で顕在化しにくい「重要な段階でのけちり」もある。そんな落とし穴を、もっとも気を付けるべきかもしれない。その例が、新製品がある顧客セグメントで成功したとき、その派生商品を別のセグメントに展開することを急ぐという流れの設計の間違いである。

たしかに一つの成功に乗ろうとする流れの設計ではあるのだが、そのためにせっかく成功した新製品そのものの成功が本来のポテンシャルを開花させられないことがある。派生商品とのカニバリゼーション（共食い現象）が微妙な形で起きる危険がある。

それでも、需要拡大が本来のスピードよりも減速してしまうとはいえ、新製品は成功し続ける。派生商品もそこそこの売上げにはなる。だから、失敗が起きたとは簡単には分からないのである。

この例の場合、けちったのは一つの製品の成功の深耕のための努力であり、その深さがもたらす財産づくりの努力である。たとえば、ブランド浸透や顧客の生情報の集積、さらには技術改良などの努力である。

こうした「けちり」が起きる理由は、効率思考が強過ぎることであろう。目先の効率に目がくらんで、戦略の流れ全体を見る思考が弱くなる。目先の業績が欲しい企業の現場では起きがちなことである。

このけちりは、英語を学ぶときに、中学生の段階で努力をけちると、高校でも大学でも、果ては外国勤務になっても、苦労するという話と似ている。重要な段階は中学英語で、それで日常会話はほとんどこなせるのである。それが頭では分かっていていも、ついつい中学時代には遊びへの効率思考が強いのが、人間の性か。

堅実なルートを、避ける

戦略の流れには、その流れのルートとして複数の候補があるのがふつうだろう。旅行の際に、ある到着地に行くのに複数のルートがあるのと同じである。そのとき、ついつい早く見える、しかし安易なルートを選んでしまう。それが、段階を追った流れの設計の第三の落とし穴である。

たとえば、買収で海外での市場ポジションを買うという戦略、あるいは技術導入して新しい技術を手に入れるという戦略である。

ともに、時間を買ったつもりが、もぬけの殻を買ったことになったり、買収相手との経営統合や導入技術の消化にかえって時間がかかったりと、失敗することも多い。だから、自社で工場の建設から人の採用、流通網の構築など、一から築き上げていくグリーンフィールド型の海外投資、自主開発を基本とする国内技術開発など、一見は回り道に見えるルートが成功することが案外多いのである。

これらの戦略は、成長を目指す、山登りでいえば登りのルート選択の話だが、下りの戦略も企業にはある。たとえば、赤字製品の製造休止、販売地域の縮小、事業の縮小・撤退といった整理や縮小の戦略である。その「下り戦略」の安易なルートとは、たとえばゆっくりと必要以上に時間をかけて、組織内の摩擦を小さくするルートである。たしかに目の前のもめごとは少なくなるだろうが、その裏で赤字のたれ流しやブランドの棄損などが続いていく危険がある。この際の「堅実なルート」とは、損切りを早めに行うことである。

じつは、登りの戦略はゆっくり、下りの戦略は急ぐというのが堅実で効果的な典型的なルートであることが多いように思われる。つまり、登りは回り道に見えるルート、下りは直行に見えるルートの選択がかえって効果的であることが多いのだが、その基本的な理由は、そうしたルート選択が途中の流れの設計をきちんと行う思考を「強制する」からであろう。だから、しっかりとした流れの設計になりやすい。安易なルート選択は、流れの設計がずさんになるのである。

流れの設計の思考を強制するとは、たとえば、登りをゆっくりにすると時間がかかりすぎることが当然に危惧されるから、そのルートの中で時間をかけても価値があるだけの効果がきちんと起きるようにしなければと、思考が強制されるということである。あるいは下りで急ぐルートを選択すれば、そこで摩擦が生まれることが容易に想像できるから、その摩擦を小さくするような手配りを下りの流れのあちこちにすることになるだろう。それもまた、流れの設計の思考の強制である。

しかし、しばしば企業は堅実なルートを避けるという落とし穴にはまる。その理由は、二つありそうだ。一つは、安易なルートの障害を軽視することである。たとえば、買収後の経営統合のむつかしさの軽視である。不都合な真実を見ないのである。

第二の理由は、堅実なルートの費用負担を嫌うことである。登りの例ならば自社工場投資の負担であり、下りの例ならば損切りの損失負担である。しかし、その負担をするからこそ、その先の流れの設計のためのより有効な地点に到達できるのである。負担を避けると、その結果として到達できる地点がみじめな地点になりやすい。

なぜ流れの設計が不十分になるのか

以上、段階を追った流れの設計の落とし穴を三つ述べてきたが、そもそもなぜ流れの設計が不十分になるのか。その基本的理由も三つあるようだ。

第一に、流れの設計が戦略の肝の一つという意識がそもそも少ないことである。だから、流れ全体（つまりは戦略構想の全体）を俯瞰する目をもてない。その上、流れの中で段階を追うべきその「段階」は、建物の階段のように外から与えられているものではない。それを自分で刻まなければならない。そのためには、全体を見る目がどうしても必要となるが、その視野の広さ（つまりは俯瞰する目）がないのである。

流れの設計が不十分になりがちな第二の基本的理由は、一つの戦略行動（それは流れの一コマ、一段階である）が生み出すさまざまな波及効果を考えようとする目がないことである。しかし、その波及効果をつなげて考えていくことが、流れの設計なのである。

戦略が実行される仕事の場では、つねに現場組織の中に三つのものが流れていると考えるべきであろう。カネの流れ、情報の流れ、感情の流れである。

たとえば、設備投資をすれば、カネが必要となる、カネが流れる。その投資の実行プロセスで現場はさまざまに学ぶ。技術を学び、顧客の反応を学ぶ。それは情報の流れである。そして最後に、投資実行の苦労やその完成の喜びを現場の人々が感じることもあるだろう。それは、現場に感情が流れているということである。そして投資が大きな経済的成果（つまりカネ）を生めば、現場は喜ぶだろう。

戦略の一コマが生み出す波及効果は、おもに情報の流れと感情の流れから生まれると思われる。市場開拓の活動から学んだ顧客情報は、他の状況にも役立つ知識になりうる。いい技術ができれば、そのヨコ展開の可能性が広がる。それが波及効果である。

あるいは、苦労して投資を成功させれば、組織の志気が上がり（つまり感情の流れ）、それが組織に勢いを生んだり他の部署にも伝染したり、次の戦略行動のエネルギーとなる。これも波及効果である。

カネの流れからは、こうした多様な波及効果は生まれない。カネはどこから来たカネでも、一億円は一億円の価値しかもたない。しかも、その一億円を次の戦略行動で使えば、もうそれは他には使えない。

しかし学習の成果は、あちこちで使い回しが利くことが多いし、組織の勢いは一つの戦略行動で使ってもまだ残ることも多いだろう。つまり、カネはゼロサムだが、情報や感情の流れはゼロサムでなく、誘発や加速の可能性が大きいのである。それが、波及効果の源泉となる。

カネ中心に考え過ぎて、情報の流れや感情の流れに思いを致さないことが、戦略の波及効果を考える目が育たない大きな理由だと思われる。

戦略の流れの設計が不十分になりがちな第三の基本的理由は、この第二の理由と関連するが、戦略の実行の現場にいる人間についての視点として、学習する人間、変化する人間という視点が弱いことであろう。

戦略の実行の際の仕事の場には、もちろん自社の組織の人間はいるが、顧客や競争相手という人間もいる。それらすべての人間が、他人の行動を観察する能力やその結果から何ごとかを学ぶ能力をもっている。だから、人間が変化していく。その観察や学びの結果として、波及効果が生まれるのである。

企業の人間だけでなく、顧客や競争相手もまた学習する存在であることを意識することは重要である。たとえば、顧客は自社の行動を観察している。顧客は自社の製品で驚きや不満、さまざまなことを感じ、その感じた結果として自分の行動を変える存在である。

彼らに大きな感動や驚きを与えられるような新製品を出せば、爆発的な需要が生まれることもある。彼らがその製品の信者になり、宣伝塔になってくれて、自社のために働いてくれるかの如くの行動をとってくれるからである。

そうして学習する人間、変化する人間の動きをきちんと考えれば、その学習や変化のプロセスを設計するという流れの設計の発想が出てきやすいだろう。

こうした三つの基本的理由を逆手にとれば、それが、段階を追った流れの設計として戦略を構想するための基礎準備のあり方を教えてくれている。

第一に、戦略とは流れの設計だと思い定めて、流れ全体を俯瞰する目をもつこと。第二に、仕事の場ではカネの流れだけでなく情報の流れや感情の流れが起きていることをきちんと認識し、そこから戦略の波及効果をさまざまに想像すること。第三に、人間が観察や学習をする存在であること、顧客も競争相手もそうであることをしっかり思考の底に置くこと。それで、学習の流れを戦略設計の重要な対象と捉えるのである。

ときにはアンバランスな流れを設計する

仕事の場にカネばかりでなく情報や感情も流れていること、そして人間が観察や学習をする存在であること、この二点を深く認識すると、ときにはアンバランスな状態を意図的に作り出すような流れの設計もあっていいということに思い至るだろう。その典型が、オーバーエクステンション戦略である（くわしくは、『経営戦略の論理』第10章を参照のこと）。

それは、現在の競争力が十分でないことを承知の上で、ある事業での市場競争を始めてしまう戦略である。自社の能力と市場での自社の行動の間に、能力が競争上必要とされるレベルよりも小さいというアンバランスが生まれている。

しかし、そうしたアンバランスな状態での市場競争の圧力が、組織内でさまざまな努力を誘発し、加速する。

そこには第一に、何を蓄積しないと生き残れないかを明確に組織内で伝える、緊張・シグナル効果がある。市場で実際の顧客の反応などを知るという情報の流れが生まれることで、情報が明確に伝わるのである。しかも、その情報は能力不十分で仕事をしているのだから、緊張という感情をもって伝わる。だから、必要性の浸透度は高くなる。

そしてアンバランスが生む第二の効果として、市場競争の中でもがくことによる実地学習効果がありうる。もがくこと自体が、懸命の学習活動と学習の成果の実地応用の場となるのである。その学習成果が、やがては能力不足を埋め、新しい技術などを真に自分のものとさせる。

こうして蓄積される技術や顧客情報という財産は、他の事業などに役に立つことが多い。真剣な内部蓄積であるだけに、組織内のヨコ展開のタネになりやすいのである。それがヨコ展開されると、組織内でさらなる情報の流れや感情の流れの誘発と加速が起きる可能性がある。こうした波及効果が、オーバーエクステンションの大きな効果である。

もちろん、オーバーエクステンションには危険がある。だからオーバーエクステンションを支えて組織を失敗から守る条件も必要である（これについては、『経営戦略の論理』第10章を参照されたい）。しかし、成長の踊り場で多くの企業がオーバーエクステンション戦略をとっている。そのときの自分の能力と乗り出す仕事の難しさの間に、ギリギリのアンバランスを意図的に作るのである。

アンバランスでありながら成功できるという論理の根底には、仕事の場でカネの流ればかりでなく情報や感情の流れが起きているという事実がある。また、仕事の場の人間が学習する存在であるという視点が色濃くある。

カネをゼロサムで考えるだけだと、到底オーバーエクステンションは戦略として論理的に成立しないだろう。能力不足の危険ばかりに目が行ってしまうからである。しかし、オーバーエクステンションは、流れの設計として意味がある。オーバーエクステンションをするという段階が、情報と感情の流れの誘発と加速をもたらすという流れの設計である。

オーバーエクステンションは、まさにこの章の「誘発と加速を狙う」の項で紹介した誘発と加速のメカニズムを背後にもった、そのメカニズムを起動させる流れの設計のいい例なのである。

第8章
正ばかりで、奇も勢いもない

戦いは、正を以て合い、奇を以て勝つ

まじめに戦略分析をやって、その上で戦略を自分なりにきちんと作り、しかもその戦略通りに実行しているつもりなのに、どうも成果がはかばかしくない。そんな思いをしておられる読者もいそうだ。そして、この本のII部を読んでみて、絞り込みもやった、事前の仕込みもそれなりに考えている、流れの設計もかなりやっている――それなのになぜ成果があがらないのかと、さらに悩むかもしれない。

その理由はいくつかありうるが、その一つが、「正ばかり」というこの章で扱う落

とし穴であろう。奇や勢いが戦略の中に組み込まれていないから、はかばかしい成果があがらないというわけである。奇も勢いもともに、正統的な戦略論では見落とされがちな、しかしユニークな企業では現場の知恵で意外と実行されている戦略のポイントである。

この項の見出しにした「戦いは、正を以《もっ》て合い、奇を以て勝つ」は、孫子の言葉だが、それが奇の重要性を簡潔に語っている。正とは、正統的で定石通りの戦略であり、奇とは意外性をもった戦略のこと。孫子は、「戦略の基本は正、そこへ奇を加えると勝てる」と言っているのである。

つまり、奇正の組み合わせが大きな成果のもとであり、そしてここが大切なのだが、孫子は、正がまずあって、その上に奇が加わると勝てると、戦略の優先順位も語っている。いいかえれば、正がなくて奇ばかりでは勝てない。そして、正ばかりでも勝てない。

正の戦略で「合う」と孫子が言う状況の典型的イメージは、戦場で定石にしたがった布陣で四つに組むというものであろう。しかし、その四つに組む状態だけでは、敵との戦力の差がきわめて大きくない限り、はげしいぶつかり合いがあちこちで起こることになり、消耗戦になる。そうなったら、明確な勝ちを取るのはむつかしい。しかし、そこに奇襲作戦が加わると、戦況が一気に変わって勝ちが取れる。

企業の競争戦略でも同じであろう。競争相手と似たような製品ライン、似たようなサービス、類似の価格で競争を挑んでも、消耗戦になるだけである。そこに何かの「奇」が加わると、競争の状況が一気に変わって、多くの顧客を勝ち取ることができることがありそうだ。

奇の戦略のイメージは、常識的には成立しないと思われるような意外性をもった戦略である。企業戦略ではないが分かりやすい例をあげれば、お汁粉を甘くしたいときに、砂糖を加えるのが正、塩を助剤として加えるのが奇である。塩を加えた方がかえって甘く感じるという意外性がある。もちろん、まず砂糖がきちんと入っていないと、甘くはならない。

以下の項でくわしく紹介するが、ある機械部品メーカーが顧客の特注に絶対に「ノー」と言わないという戦略を実行している。ふつうは特注というと、扱いが面倒すぎと「イエス」と言う、その後でさまざまに工夫をしたり交渉をしたりすればいいという奇の戦略をとっている。しかし、結果として見積もるときわめて高コストになるものがあるので、すべての特注に「イエス」とは言いにくい。それをこの企業では、すべてに「イエス」とまず言う、その後でさまざまに工夫をしたり交渉をしたりすればいいという奇の戦略をとっている。しかし、顧客からは「どんな困りごとを持っていっても対応してくれる」と評判がよく、結果としてきわめて高利益率の部品メーカーになっている。

奇ばかりでなく、組織の勢いを作り出すような戦略もまた、正統派の戦略論ではあまり取り上げられることのない、しかし重要な戦略の内容である。

勢いとは、組織や社会の集団心理の高揚でメンバーが相互に刺激しあい、彼らの間にプラスのフィードバックが生まれ、どんどん前向きの姿勢が高まっていくことである。一つの方向にベクトルが収れんし始め、その結果として、発熱現象とでも名付けたくなるような高揚が生まれ、どんどん前進し続けられるエネルギー自己供給メカニズムが生まれる。それが、勢いである。もっとも、ときに過剰となって暴走が発生する危険もないではないが。その勢いを生み出せるような部分を戦略全体の一部に組み込むと、現場が猛然と正しい方向に走り出す。その結果として、戦略の成果があがるのである。

奇とは何か

奇とは具体的にどんな戦略か、そのイメージをいくつかの例をあげて共有しよう。キーワードが意外性だから、誰が意外性を感じるのかで分類してみよう。まず、顧客が意外性を感じる戦略から。

たとえば、新製品の開発の際に、パイロットラインをまず作ってしまう。顧客にスピーディにサンプルを提供するためである。B2Bでときにとられる戦略である。あるいは、部品や材料を作っている企業が、顧客と同じような生産機械を自社で購入して、自社製の部品や材料を顧客がどう使えるかを試せる工夫をする。この場合も、顧客の求めに応じて提供するサンプルが顧客側の生産ライン特性に合うので、顧客が喜ぶものになりやすい。

いずれの例も、そんな投資を受注のはっきりしていない段階から行うのかという意外性のある奇の戦略である。

対競争相手の奇の戦略の例を一つあげれば、第6章で紹介したサムスン電子の半導体戦略で、日本の半導体メーカーにDRAMからの逃げ口をあらかじめ用意していたという戦略である。奇をあらかじめ仕込んでいる。相手（この場合は日本メーカー）が最初は奇の戦略とは気がつかずに、それに引っかかるというのが奇の奇たる所以である。

自社組織に意外性のインパクトを与え、現場が市場戦略全体を実行するのを後押しするような戦略もある。たとえば、第2章で紹介したアサヒビールの逆転劇の初期の段階で、アサヒはユニークな新製品の販売開始の際に、既存の製品を自社の費用負担で店頭在庫から全品回収した。アサヒの人たちはびっくりしたであろう。昨日まで売っていた主力商品を全品回収するのである。ふつうなら、新製品への移行期間を作って、旧製品の安売りなどで徐々に市場から姿を消していくのに。

この奇そのものの戦略が、第6章でアサヒの例として紹介した全従業員を巻き込んだ新製品販売キャンペーンと並行して行われた。アサヒの従業員たちは、いわば背水の陣に追い込まれたに等しい。この新商品を売るしか、もう生きる道はないのである。

この奇は、奇であると同時に、組織に勢いを生み出す戦略ともなっている。たしかに、このアサヒの例のみならず、自社組織に対して意外性のインパクトをもつ奇の戦略は、しばしばその意外性ゆえに従業員たちが発奮して、組織に勢いが出ることも多いであろう。

顧客、競争相手、自社組織と、意外性のインパクトの対象はさまざまにありうるが、誰が対象にせよ、奇の戦略の肝は「そこまでやるか」という意外性である。相手の常識を超える戦略で、意外性を出し、驚きを作るのである。

もちろん、驚きだけでは戦略として成立しない。よく考えるとそこには論理がある、長期的に見てソロバンが成立しているということでないといけない。その論理が、奇が勝ちをもたらせる論理なのである。

しかも、経営戦略の場合には軍事戦略と違って、持続性のある奇が必要であろう。戦場では一回の会戦で勝敗が決することもしばしばあるから、一回の奇襲作戦がもつ意味は大きい。しかし、市場競争はもっと長期戦である。いったん奇で成功しても、それが次の時点ではすぐに真似されたり、ブロックされる危険も大きい。そうなってしまっては、奇がもたらすメリットは小さい。したがって、持続性のある奇が必要となるのである。

奇のメリットの持続性には、二つのタイプがあるだろう。

一つは、真似されにくい、あるいはブロックされにくい奇を狙うことによる持続性。もう一つは、奇自体は真似されても、奇が生んでくれる財産が長く意義をもつような奇を狙うことによる持続性。奇によって一気に大きなシェアがとれれば、もう同じ奇は使えなくても、シェア自体がその後も意味をもつというのが、その一例である。

二つのタイプの持続性はともに、奇の戦略が大きな戦略の流れの一コマとして設計されているから生まれる。

第一のタイプの場合は、奇をいったんとった後の競争相手のリアクションの段階をちゃんと考えている。奇の後の段階で、相手が模倣などができそうにないという流れの読みがあるからこそ、成立する持続性である。第二のタイプの場合は、奇が生んでくれる財産をその後の段階で生かすような手をあらかじめ考えておくから生まれる、メリットの持続性である。

つまり、持続性のある奇という戦略は、流れの設計として戦略を考えることを必須とするのである。

すべての特注にイエスと言う奇

奇の戦略の意外性の源泉の具体的形やそれが持続的なメリットをもたらす論理の具体的パターンを理解するために、前項で紹介した機械部品メーカー（A社と呼ぼう）の例をよりくわしく考えてみよう。

戦略そのものは、ある意味で簡単な顧客対応の戦略である。どんな特注の依頼が来ても、すべてに「イエス」と言う。それだけである。ただし、イエスではあるが、こはこうならないかという反対提案を顧客にすることはある。なかには、それで結局最終的な注文が来ないこともあるだろう。しかし、最初の対応はつねにイエスから入るのである。

A社の機械部品は、工場の自動化や省力化のための機器の要になる部品類である。だから、その自動化あるいは省力化機器が工場の中で設置されている状況に応じて、じつに多種多様なニーズが顧客の側に発生する。そのニーズを、顧客側がなんとか標準部品を工夫して使うか、A社に自分のところに都合のいいような部品を作ってくれないかと特注を出すかという二つの選択が顧客の側にある。そこで、自社に特注をもってくるように、つねにイエスと言うスタンスを公言する。

ここで大切なことは、その特注の相談がA社に寄せられるということは、A社が他の競争相手に先がけてそうした特殊な部品のニーズが存在することを知ることになるということである。すべての特注がそうだが、特注とは顧客が現在の製品で満たされていないニーズのことである。したがって、特注にすべてイエスと返事するという評判のあるA社に特注が来るということは、A社が多数の顧客の潜在的ニーズの情報を競争相手に先がけて手に入れられる立場になるということである。

したがって、この特注から生まれるA社にとってのメリットは、まず第一に特注品の納入が生み出す利益、そして第二に顧客の潜在ニーズの情報の蓄積である。さらにその特注品は、別の顧客からも似たような注文が来れば、将来の標準品の候補となる。したがって、A社にとっての第三のメリットは、標準品ラインの拡大の将来候補を他社に先がけてもつことである。

こうしたメリットの裏側に、当然コストがある。だから、ふつうは特注に対して、簡単にはイエスと言わないのである。第一のコストは、特注品の生産と納入のコストである。たんに工場での生産コストだけでなく、もし特注品設計から生産終了までに長い時間がかかるのなら、その間の在庫保有のコストはバカにならないかもしれない。第二のコストは、特注品の設計に入れるまでの、顧客対応の工数というコストである。顧客の工場の実態を調べ、それに合わせて特注品を設計する。その間に打ち合わせもかなりあるかもしれない。

ふつうはこの二つのコストがかなり高いから、特注品は高値で受注しないと経済計算に合わないということになりがちである。だから、企業としては特注をいやがるのである。

A社は、この二つのコストを小さくできるようにさまざまな工夫をしている。たとえば、特注品の生産が既存標準品の生産方法の少しの変更で済まないかの検討ノウハウの蓄積である。あるいは、特注品の設計データをデータベース化して、どんな特注でも設計を一から始める必要がないような仕組みを、設計部隊の内部で作った。

さらにA社は、段取りなどの関係で最低生産量があることがあり、特注品の実際の生産量が受注量よりも大きくならざるを得ないときでも、それを在庫としてもつことを許すという方針をもっている。

在庫は悪だといわれがちな時代に、A社は在庫が積み上がることをとくに大きな問題としない。もちろん、ムダな在庫は切り詰めるべきだが、特注品によって潜在ニーズ情報を手に入れられるメリットと比べれば、在庫コストはあまり問題ではないと判断しているのである。

二つのコストの削減の工夫、在庫に対する態度だけを見ても、これは常識的な対応しか考えられない企業では考えつかない奇の戦略であることが分かるだろう。そうしたソロバン勘定がある上に、潜在ニーズ情報の獲得、しかも顧客の側からその情報をもってきてくれる、というメリットがあるから、全体としての戦略の論理は十分に成立しているのである。

そして、ノウハウ蓄積の努力という点で競争相手が模倣しにくいという意味で持続性のある戦略であり、またその奇の戦略が生み出した財産（最大の財産は潜在ニーズ情報）を使って、将来の標準品ラインの拡大が可能になるという持続性のある戦略になっているのである。

組織の勢いを作る

組織の勢いもまた、正だけの戦略に欠けがちな要素である。

組織の集団力学、集団心理学としての勢いを生み出すことが重要だと、もちろん多くの人が考えているだろう。しかし、それを生み出す手段としては、リーダーシップやインセンティブの仕組みという、組織の中の人間系の工夫があげられることが多い。この章の議論の特徴は、そうした人間系の工夫に頼るだけでなく、戦略の内容そのものの工夫によって組織の勢いを生み出せることを強調している点である。

なぜ戦略の内容の工夫によって、そうした現場の心理的力学への影響が生み出せるかといえば、そもそも戦略というものが組織の人々がどんな市場で、どんな顧客を相手に、どのような差別化の武器を磨くべく活動するのか――という仕事の環境と内容の大枠を決めているからである。その仕事の環境の中で仕事をすれば、その仕事をしている人たちの心理に影響が出ることはしばしばである。なぜなら、仕事をしている人々の間には感情が流れているからである。

能力の限界ギリギリの仕事をやってそれがうまく行けば、喜びという感情が生まれる。定型的なだけであまり刺激のない仕事を長いことやらされていれば、自然にゆるみも生まれるだろう。元気のいい人たちと前向きの仕事をしていると思えれば、それで自分も元気が出てくるのが、ふつうの人間である。すべて、仕事の場での感情の流れのなせる業である。

戦略が決める仕事の内容はもちろん、顧客のニーズに対応するため、競争相手に対抗するため、現場でコスト効率的に生産するためといったように、ふつうは市場の経済力学の論理の世界の考慮を中心に決められるものであろう。それが正の戦略である。

そうした戦略の一部の工夫が、「ついでに」仕事の場での感情の流れをプラス方向に誘導するようなインパクトをもてれば、それは随分と効果的である。経済力学の世界でどのみちやらなければならない仕事が、心理的にもインパクトを生み出せるように工夫するのだから、プラスアルファのメリットになるのである。

こうした戦略の一つの例が、第6章で事前の仕込みの議論の中で触れた心理の仕込みである。もちろん、第6章で強調した心理の仕込みの中心は現場が戦略で計画された行動に熱意をもって取り組むような事前の心理的準備であるが、組織の勢いを生むような戦術を戦略の中に組み込むという仕込みもあっていい。小さな成功体験をもてるようにするための戦術などが、その典型例である。

勢いは、必ずしも大きく生まれなくてもいい。戦略を実行して成功に導くまでの長い時間を乗り切るだけの勢い、とくに初期の難関の多い時期を乗り切るための勢いを保ちたい場合、小さくてもいいから勢いが長続きするような戦略的工夫が必要だろう。いわばスタミナ維持剤を組み込んで勢いを保つのである。

しかし、こうした勢いを生むためのさまざまな戦略的工夫は、多くの人が自然に考えることではなさそうだ。正統派戦略論の世界ではなかなか論じられることの少ない、心理的インパクトというプラスアルファの議論なのである。だから、組織の勢いを生もうとする戦略は、常識から少し外れる奇の戦略になることも多いだろう。たとえば、この章で紹介したアサヒビールの旧商品全品回収とか、第7章で紹介したオーバーエクステンションなどである。いずれも、常識には反する戦略である。そうした奇が成功をもたらしたときの驚きの大きさが、その後に勢いを生む源泉の一つとなるのである。

こうして組織の勢いを生むという目的の戦略要素が奇として含まれている場合、その戦略全体には正の戦略（経済力学の戦略）と奇の戦略（現場の心理を考えた戦略）が組み合わされたことになる。つまり、正も奇も、そして勢いもあるということになり、勝てる戦略になりやすいだろう。

奇も勢いも、正があってこそ生きる

ただし、奇も勢いもそれだけがあるだけではダメで、正が同時に組み合わされていなければならないことは指摘しておく必要がある。

奇についての孫子の言葉のように、正と奇には順序がある。「正を以て合い」というところから始まり、その後で奇が出てくるからインパクトが大きいのである。たとえば、アサヒビールの旧商品全品回収作戦も、その前にいい新商品を開発するいう正の戦略があるからこそ、生きた。もし新商品があまりいいものでなければ（つまり正として機能しにくい場合）、全品回収しても次の新商品が店頭在庫として積み上がるだけになってしまうだろう。

勢いの場合も、正の戦略がなければ、その勢いが暴走になってしまう危険が大きい。組織に勢いが生まれたとしても、どこに向かって走るか、どこまで走るか、その方向性と限度をきちんと定める正の戦略がなければ、勢いは暴走になってしまうだけだろう。たとえば、バブル期に多くの企業がイケイケどんどんと勢いに乗り、無理な不動産投資を重ねたりした。これも、正なき勢いの暴走例である。

奇や勢いを生かすための正の戦略としては、二つのタイプのものがあるだろう。

一つは、奇の戦略や勢いの戦略が成功できるための基盤、あるいは土壌を正の戦略がきちんと準備するというもの。つまり、そもそも奇や勢いを成功させるための「事前」の正。

戦場での作戦の例を考えれば、正攻法でがっぷり四つに組むという正があるからこそ、敵もそれに対抗してきて、そこに敵の裏をかくような奇襲が加わるから勝利が生まれるのである。いきなりの奇襲作戦というのは、成功することもあるだろうが、失敗の可能性の方がはるかに高い。

もう一つの正の戦略のタイプは、奇や勢いで生まれるプラスを受け止め、その次の段階でさらにプラスを大きくするための正の戦略である。つまり、奇や勢いが成功した後、その成果を増幅するための「事後」の正。

つまり、奇や勢いの戦略を実行するにはそれなりのコストがかかるから、そのコストを次の段階で回収するためにも、プラスを増幅する正の戦略が次の段階で待ち構えていなければならない。

たとえば、前章で議論したオーバーエクステンション戦略の場合、競争力を部分的に欠いていることを承知の上で新事業に進出して、そこで小さくても成功するとか市場知識や新技術の蓄積を獲得するというようなプラスがあったとしても、それだけで終わったら成果としては小さい。オーバーエクステンションで得た財産、それで育った人材をきちんと次の段階で既存事業などに生かすような正の戦略、つまり波及効果を狙う戦略が待ち構えていれば、大きな長期的な成果につながるだろう。

もちろん、一つの正の戦略がこの二つのタイプの役割を時間差（事前と事後）をもって果たせるようなパターンも多いだろう。たとえば、いい新製品開発を正攻法できちんと行うという戦略は、全品回収という奇がそもそも成功するためにも、あるいはその奇が生むプラス（たとえば小売店の驚きと新製品への信頼）を増幅するためにも、役立つだろう。

なぜ奇や勢いが戦略に組み込まれないのか

こうして奇や勢いを戦略の内容の一部に入れることによってさまざまなメリットが生まれうるのに、現実には奇や勢いが組み込まれた戦略の実例はそれほど多くなさそうだ。だから、戦略の落とし穴としてこの本で取り上げている。なぜ多くの企業の戦略が、正ばかりで奇も勢いもないということになるのだろうか。

素朴に考えて、理由は二つありうる。第一は、奇や勢いの戦略をそもそも考えつかないという発想段階の理由。第二に、考えついてもそれを最終的に戦略に入れる決断ができないという実行段階の理由。つまり、発想できない、実行できないという二つの理由である。

まず奇の戦略について考えると、奇の戦略の発想が生まれにくい、そういう発想ができないという組織が多くなる根源的な理由は、奇の戦略が「奇である」ことそのものにありそうだ。意外性があるのが奇という戦略だが、それはその発想が常識外だということである。その「常識外」が、組織としてはむつかしい。

常識外の発想ができる個人が少ないのが、多くの組織の現状だろう。その基本的理由は、逆説的だが、常識に精通している人が案外少ないからである。常識外の発想ができる人は、常識というものを知り尽くしているから、その常識の「外」のことを思いつける。何が外で何が内かを理解できるためには、そもそも常識の内とは何かを知らなければならないということである。そして、常識のウソを見抜く目をもっていなければならない。だから、そのウソの逆張りとして、常識外のいい戦略を思いつくのである。

すべての特注に「イエス」と言う奇の戦略を考えたA社のトップは、この道何十年という市場を知り尽くした人であった。そういう人だからこそ、顧客が本当は何がしてほしいか、考えられたのであろう。

ここでいう常識とは、市場における企業の戦略の議論をしているのだから、世間あるいは市場についての常識である。それは、戦略が実際に実行される現場についての常識である。顧客はどう考えがちな人たちか。現場の技術はどう蓄積されていくか。現場で働く人たちはどんな行動パターンをもってしまうのか。そうした現場想像力に支えられた知識が、現場の常識である。

その常識に精通していれば、そこから一ひねりしたら現場はどうなりそうかの見当がつく。しかし、世間の常識に精通していなければ、一ひねりした奇の発想は生まれないだろう。しばしば、常識外のことは常識を知らない人が思いつくという発言があるが、奇の戦略として機能するような常識外の戦略のアイデアを、世間の常識を知らない人が思いつける確率はきわめて低いと私は思う。仮になんらかのアイデアを思いついても、それを奇の戦略にまで磨き上げることが、世間の常識に精通していない人にはできそうにないからである。

仮に個人として奇の戦略を発想できる人がいても、その次には組織の壁が実行段階で立ちはだかりそうだ。奇というような尖ったアイデアは、組織の中では丸められてしまうのが通例だからであり、また組織的なチェックプロセスが奇の戦略のリスクの大きさをことさらに大きく問題視しがちだからである。したがって、組織として奇の戦略の実行を決断できるためには、その決断のリスクをあえてとれるだけのリーダーの存在が必要だろう。

前述のA社にはそうしたトップがいたが、そんなリーダーがいない組織の方が多いだろう。だから、仮に発想として奇の戦略が組織内で生まれても、実行段階にまで至りにくいのである。

次に、勢いを生む戦略があまりないことについてである。

勢いとは、組織の中の人々の感情の流れの凝集である。したがって、勢いを生むための戦略を考えようとする人は、感情の流れの重要性を深く理解した人、そして重要性だけでなく、何が人々の感情の流れを大きくしたり減衰させたりするかをよく知っている人でなければならない。

しかし、戦略というと経済分析が中心になってしまっている現状が多くの組織でありそうだ。市場分析や費用分析、そして投資効果分析などである。そんな分析の中に、感情の流れを埋め込むなどと言い出すと、「そんな甘いことを」と白い目で見られかねない。しかし、感情の流れをきちんと考えない方が「甘い」のである。

こうして、人の心理に鈍感な人が戦略の原案を作っていることが多いという理由だけで、勢いを生むような戦略が少ないのではない。もう一つの理由としてありうるのは、前章で指摘した落とし穴、段階を追った流れの設計というダイナミックな、時間の流れとともに動いていく設計という考えが少ないことの落とし穴である。

なぜなら、勢いは、それが生まれたとしてもそれを生かす次の段階の戦略が用意されていなければ、ただ心理が高揚したというだけで終わってしまう。だから、流れの設計が必須なのである。

感情の流れに影響を与える戦略、そして流れの設計としての戦略、そうした戦略の本質的部分の理解が不足していると、どうしても勢いを生むような戦略を作ろうという発想にはなりにくいだろうし、その発想が実行段階で受け入れられることもないだろう。

「バカな」と「なるほど」

では、奇や勢いを組織としての戦略に組み込めるようになるためには、どうしたらいいのか。

もちろん、基本的には戦略というものの本質の理解を深めることだが、それだけをいっていては私流の戦略論を読者に押し付けていることになりそうだ。しかし、私の意図を別な言葉で表現すれば、「バカな」を許し、「なるほど」を求めるということになるだろう。それが、この項の小見出しにした言葉である。

『「バカな」と「なるほど」』とは、私の畏友である神戸大学名誉教授の吉原英樹さんの本のユニークなタイトルである。三〇年近く前に出された本だが、三年前に復刻出版された（ＰＨＰ研究所）という珍しい歴史をもつ、いい本である。

この本での吉原さんの主張は、いい経営、いい経営戦略の特徴は、聞いた瞬間には「バカな」と感じるような要素がその内容に含まれていて、しかしきちんと説明を受けると「なるほど」と思えることだ、というものである。「こんなタイトルにしたいが、学者としてよくないだろうか」と吉原さんから意見を聞かせてほしいと電話があったときのことを、昨日のことのように覚えている。もちろん、三〇年前の話である。

私は本の概要を聞いた後、即答で、「それは素晴らしいタイトルだ。頑張れ」と賛成した。そして今、奇や勢いの部分を含む戦略の本質がまさに、「バカな」と「なるほど」だと思う。

奇や勢いという意外性のある戦略の部分が、「バカな」である。そしてその奇や勢いがきちんとした合理性を背景にもっているということが、「なるほど」である。だから、「バカなを許す」というスタンスをもつことによって、ふつうは生まれにくい奇や勢いの発想をうながし、しかし一方でたんなる奇妙な思いつきにすぎないものを退けるために「なるほどを求める」というスタンスもきちんともつ。そうしてはじめて奇や勢いを組織としての戦略にきちんと組み込めるようになる。

世の中には「なるほど」のない「バカな」、つまり、聞いた瞬間にバカなと思い、よく聞いてもやはりバカなと思うこともじつは多いから、なるほどを求めることはきわめて重要である。それを求めるということは、戦略を考える人に論理構築力を求めるということである。なるほどと思える論理を用意する力である。その論理がなければ、人々は奇や勢いの戦略についてきてくれない。

そして、「バカな」とつい常識的には感じてしまうことを考えつくということは、現場想像力をフルに働かせて懸命に面白い仮説――現実がじつはこう動くのではないかという仮説を創造することを意味する。ああでもない、こうでもないとさんざんに考え抜いて、論理的に成立する仮説を最後に創造するのである。それが奇の戦略、勢いの戦略の内容となる仮説である。

前述のA社のトップは、そうした仮説創造力にすぐれ、そしてその仮説の正しさについての論理構築力にもすぐれていた。本田宗一郎もじつはそんな人だった。彼の口癖は、「やってみもせんで何が分かる」。いろんな仮説を思いつき、その正しさを検証することを自分の技術開発と経営の基本スタンスにした人だった。だから、いくつもの「奇」や「勢い」の戦略を発想でき、成功させたのである。

つまり、仮説創造と論理構築、それが「バカな」と「なるほど」の背後にあるものであり、奇や勢いのある戦略の基礎要因なのである。したがって、仮説創造と論理構築、その両方での能力不足・努力不足が、正ばかりで奇も勢いもないという戦略の落とし穴に多くの企業がはまってしまう基本的な理由であろう。

こうした説明を、学者的な解釈、我田引水と思わないでほしい。卓越した戦略家は、じつは仮説創造と論理構築の名手なのである。

終章

人間性弱説の戦略論

人は性善なれど、弱し

Ⅰ部・Ⅱ部と、戦略の思考プロセスと戦略の内容そのものと、それぞれ多くの人がはまりそうな落とし穴についてこの本で語ってきた。もちろん、誰も好んで落とし穴にはまるわけではない。ついついはまってしまうのである。

なぜだろうか。

その基本的な理由は、多くの人が「性弱」だからだと私は思う。「人は性善なれど、弱し」なのである。人間性弱説は、私の造語である。すでに「まえがき」で少し説明したが、多くの人は性悪ではない。しかし、たんに性善でもない。その中間で、しかしやや性善寄りというのが私の人間観察で、それを「性善なれど、弱し」と表現している。

人間の性悪と性善については、古来さまざまな意見がある。単純な性悪説は、すべての人間は悪い人になる本質をもっているという説であろうが、古代中国で荀子が性悪説を唱えたのは、我々の理解するような悪として人間を捉えたのではなく、人間は自然の欲望をもっているということを言いたかったという。逆に、孟子が性善説を唱えたとき、それは「すべての人は善人だ」というような楽天的な意味ではなく、「人には善の兆しが備わっている」という意味であるという。

この二つの性悪と性善をミックスしたところに、経営で人間というものを捉えようとするときに適切な想定があると、私は考えている。多くの人間が、善の兆しを持っているが、しかし放っておけば自分の欲望に負けてしまうことも十分ある。したがって、「性善なれど、弱し」と表現できる。

この本の内容に即していえば、性弱だから目の前の現実にひきずられ、ビジョンを描く勇気が出ない。性弱だから不都合な真実を見たくないと思う。性弱だから大きな真実にまで視野が広がらない。さらに、性弱だからついつい突き詰めが弱くなり、似て非なることを間違えてしまう。

こうした「ものの考え方」や「思考プロセス」に性弱な人間の本性が反映されるばかりではない。戦略の内容にも、性弱の影響は出てくる。性弱だから、ついつい絞り込みが不足する。絞り込むことがこわいのである。また、事前の仕込みも一歩足りなくなりがちとなる。つい最後の努力を惜しむ、といおうか。また、性弱だから将来のことを突き詰めて考えることをせず、だから段階を追った思考になりにくく、流れの設計まで気が回らない。さらに、性弱だから奇を戦略に組み込む思い切りが出ず、勢いを出すところまで考えが及ばない。

こう書くと、人間性弱説に戦略の落とし穴の原因のすべてを押し付けているように感じられるかもしれないが、もちろん、そうではない。性弱だけが原因で多くの人が戦略の落とし穴にはまるわけではなく、いくつもの理由がそれぞれの落とし穴の背後にあるだろう。しかし、人間が性弱だからこそ、さまざまな理由で生まれる落とし穴にはまりやすいと言いたいのである。

つまり、人間性弱説の戦略という世界での一つの落ち着き先が戦略の落とし穴なのではないか。そうした「人間性弱説の戦略論」を、私はこの本で語ってきたことになるのだろう。

そして、人間が性弱であることをきちんと考慮に入れて、目配りをしながら戦略を考える必要がある、戦略の落とし穴にはまらないように気をつける必要がある。それが、この本の基本的メッセージであった。

落とし穴にはまったと気がつくとき

ただし、こうしたメッセージを読者がきちんと受け止めてくださって、多くの落とし穴にきちんと目配りしようとするあまり、「なるべく多くの落とし穴を避けよう」というもう一つの「落とし穴」に、はまる危険もありそうだ。しかし、それは私の本意ではない。

なるべく多くの落とし穴に目配りをすると、どの落とし穴に気をつけるべきかを考える際に「絞り込み不足」になる危険があるのである。あまりに多くの落とし穴を考えるから、どの落とし穴への本格的注意も不十分になるという一種の絞り込み不足である。

それではまずいだろう。そんな皮肉な絞り込み不足を避けるには、自分はどの落とし穴をもっとも留意すべきか、自分で考えるべきだろう。それはおそらく、二つのタイプの落とし穴にとくに留意すべきということになりそうだ。

一つは、自分を取り巻く現在の状況の中で、とくに落ちてはいけない落とし穴、環境の中での鬼門になりそうな落とし穴である。もう一つのタイプは、自分の発想のクセとして、落ちそうな落とし穴、自分の内なる世界での鬼門である。

この本では八つの落とし穴をあげたが、その中で現在の自分にとってはどれがこの二つのタイプの落とし穴になるのか。それを考え、その落とし穴だけにはとくに気をつける。それ以外の落とし穴はそれほど気にしないというくらいの割り切りが必要そうだ。

その上で、どうせどこかの落とし穴には落ちるものと覚悟すれば気が楽になるだろう。そして、落とし穴にはまったらなるべく早くそれを察知して、その後の修正行動をとることが重要であろう。

しかし、こう考えたときの問題は、戦略の落とし穴にはまったと、誰がどのようにして気がつくのかという問題である。戦略の策定に懸命になっている本人が、その策定途中に自分が落とし穴にはまってしまっていると気がつくのは、おそらくかなりむつかしい。だから、落とし穴にはまったと気がつくときの状況はどんなものか、あらかじめ想像しておいた方がよさそうだ。

おそらく多くの場合、戦略の落とし穴にはまったと最初に気がつくのは、戦略実行の現場の人たちである。彼らが、戦略を実行しようとしても何をすればいいのか、よく分からない。あるいは、実際に実行活動をやってみても、どうもうまく成果が出そうにないと思い始める。それで、これは戦略のどこかがおかしいのではないかと感じ始めるのである。

しかし、その「違和感」を、戦略を作った上層部に訴えても、その人たちには伝わりにくいだろう。戦略を作った側は「それは実行の仕方が悪いのであって、戦略の内容そのものには問題がないはずだ」と思うのがふつうだからである。そして、その先で現実に失敗が顕在化しても、それは実行側の責任だ、現場に根性と執念が足りないなどと言われてしまいそうである。あるいは、環境が想定外に変わったのが失敗の原因などというもっともらしい分析が出てくることもあるだろう。それで、落とし穴にはまったという認識が遅れる。

だからこそ、戦略のそもそもの策定プロセスの中で（つまり戦略の実行が始まる前に）、思考の落とし穴と内容の落とし穴の両方に戦略を策定する人間が十分に留意する必要がある、現場の責任にすべきでないと、私は言いたいのである。

その「策定側の責任」を強調するために、私はI部でもII部でも、知的誠実さとか言葉を大切にとか、「バカな」と「なるほど」をともに重視するとか、戦略策定者の戦略思考と内容の突き詰めについての注意点を書いてきたのである。

それでも、落とし穴にはまることはかなりあるだろう。そのときの一般解は、戦略策定者が現場からの警報に真摯に耳を傾けることである。落とし穴にはまったときには現場の方が先に気がつくはずと思い定めて、現場のさまざまな声から現場の真実を想像することが、戦略実行開始後の落とし穴対策としてはもっとも基本的なものだろう。

もちろん、現場から統一的な声として実行プロセスでの問題点が上がってくることは、おそらくまれである。いいことも一部には起きており、しかしそれとは食い違う悪い話もあちこちから出てくる。そうしたときには相矛盾するさまざまなシグナルが現場から届くことを前提として認識し、そのシグナルの総体から現場で起きている真実を想像するのである。

しかし、その想像力がきちんとある人はそもそも落とし穴にはまりにくい、その想像力が不足しているから落とし穴にはまるという皮肉な事態が起きそうだが、愚痴を言っていてもしようがない。とにかく、現場からのシグナルの総体をきちんと見るしかないであろう。

それでも、現場と戦略策定者との間には、落とし穴落下の検知の時間差が生まれざるを得ない。だから、戦略を変更する権限と力のある立場の人間が落とし穴にはまったことに気がついたときには、すでに悪い事態がかなり進行していると考えた方がいい。したがって、修正行動をすみやかにとることが重要となる。すでに手遅れとなっている危険が大きいと認識するくらいで、ちょうどいいことも多そうだ。

だから、朝令暮改を恐れてはいけないことも多いだろう。だらだらと現場の不具合を引きずるのがおそらく最悪である。

戦略とは、切ることである

人間性弱説の戦略論のおそらく最大のキーワードは、「切る」という言葉である。人間の弱さそのものは切れないから、弱さの結果として生まれる不具合を切るのである。

たとえば、前項で書いた落とし穴落下の事後処置の例でいえば、落とし穴にはまってしまった戦略そのものを切って捨てる。朝令暮改でもいいから、捨てる。

それればかりでなく、切るという言葉は、戦略策定の思考プロセスでも、思考の結果として生まれてきた戦略の内容を点検するときにも、キーワードである。

戦略思考のプロセスでは、今考えるべき戦略とは深い関係がないと思われる事項

（環境動向であれ、競争であれ、組織内の要因であれ）を「あまり考えないようにする」という意味で、切るのである。

人間の思考能力はそれほど大きくないとあきらめて、考えるべき内容を必要以上に複雑にしないように、「多少は関係があるかもしれないから一応考慮には入れておこう」という程度のことは、思い切って切る。それをしないから、思考が混乱するのである。

そして、戦略の策定の最後の段階で、あらためて重要な事項の見落としがないかのチェックをすればいい。それは、最初から巨大なチェックリストのままで戦略思考を始めてしまうことが引き起こす「思考の重さ、遅さ、混乱」を考えれば、よほど生産的で簡明な最終点検になるだろう。

戦略の内容を確定する際にも、切るという言葉はキーワードとなる。

絞り込み不足という落とし穴は、いろいろなものを切れないから最後まで戦略の対象が多く残り過ぎて、結果として絞り込みが不足するということである。事前の仕込み不足は、仕込むべきことを絞り込まずにあちこちに事前に仕込みらしきものをばらまくから、結果として本番での仕込み不足になるのである。何を焦点に事前の仕込みをするかを決めるということは、「焦点にしないことは切る」と決めることである。

段階を追っての流れの設計も、多数の事柄の多数の段階のすべてに流れの設計を考えようとしては、ふつうの人間の頭ではとてもできない。ここでも大切な流れは何かを思い定めて、つまりはそれ以外の多くの流れを切り捨てて、その思い定めた流れを段階を追って設計していくのである。

正に奇や勢いを加える場合も、戦略の要素として何を重要と考え、何は優先順位が低いかを、あらかじめある程度決めないと、正を全部考えるのも大変だろうし、それに奇や勢いを組み合わせるときのバリエーションばかりが多くなって、ふつうの人間の思考能力では手に負えなくなる。だから、何かを切ることは、必須となるだろう。

つまり私は、「切るからこそ」、戦略の思考プロセスでの混乱が少なくなる、戦略での資源投入の分散が減らせる、戦略の落とし穴への対応が早くなるといっているのである。

「切る」ことのいずれのメリットも、人間が性弱だからこそ生まれるメリットである。性弱であれこれと悩みがちな人間だから、切らないと思考は混乱する。性弱であれこれとつい配慮してしまう人間だから、資源投入の思い切りができない。性弱で現実を直視したくない人間だから、落とし穴落下への対応が遅れる。

おそらく、切るということを実践するための大きな要件が、私がこの本で通奏低音のように強調してきた、言葉を大切にする、言葉を厳密に使うということである。切るということは、どこかに境界をはっきりと定めるということである。その境界にそって、切るのである。入れるものと入れないものを峻別する境界である。

その境界をどこにするかは、人間の思考が言葉をベースに行われていることを考えると、言葉で決めるしかない。言葉を大切にしない人は、その境界の表現がうまくできず、結果として境界そのものがぼんやりとしたものになる。それでは、切れないのである。

切ることは、むつかしい。勇気もいる。だからこそ、人間性弱説の戦略論のキーワードなのである。

本書は、２０１８年1月に日本経済新聞出版社より刊行した
『なぜ戦略の落とし穴にはまるのか』を文庫化したものです。

日経ビジネス人文庫

なぜ戦略《せんりゃく》の落《お》とし穴《あな》にはまるのか

2022年4月13日 第1刷発行

著者
伊丹敬之
いたみ・ひろゆき

発行者
國分正哉

発行
株式会社日経BP
日本経済新聞出版

発売
株式会社日経BPマーケティング
〒105-8308 東京都港区虎ノ門4-3-12

ブックデザイン
鈴木成一デザイン室

本文DTP
マーリンクレイン

印刷・製本
中央精版印刷

Printed in Japan ISBN978-4-296-11317-0

本書籍に関するお問い合わせ、ご連絡は下記にて承ります。
https://nkbp.jp/booksQA